中公文庫

推理小説作法

増補新版

土屋隆夫

中央公論新社

目次

推理小説作法

増補新版

第一章　推理小説に作法があるか

1　はじめに言っておきたいこと

読者はまず、つぎの文章に目を通していただきたい。これは、すでに廃刊になった『推理界』という雑誌に掲載したものだが、比較的みじかいエッセイなので、字句の一部を補訂して、ここにその全文を再録した。

『小説家になる早道を、なるべく簡単にご教示ねがいます。文章上達法といったような本があれば、ついでに教えて下さい』――こういった手紙が年に二、三通はくる。私自身、とても一人前の小説家だとは思っていないから、そんな早道があれば、こっちのほうで〝ご教示〟ねがいたいくらいだ。

『自信ある三十枚の推理小説、至急発表したし。てごろな雑誌にご紹介たのむ』――こんな電報みたいな手紙に、郵便切手が同封してあって、返信を要す、などと赤インクで記してある。返事の出しようもないが、さりとて郵便切手を横領するのも気がとがめて、二、三日は落ちつかない。あと味のわるい手紙だ。

『ぼくの目標は三十歳で三島由紀夫程度、それがだめな場合は、せめて大江健三郎ぐらいにはなりたいと思います。見込みがあるかどうか、中学時代の学校新聞にのせた作文の切り抜きを送りますので、判断してすぐお知らせ下さい』――大江健三郎氏がクシャミをしそうな手紙をもらって、吹き出したこともある。

『わたしの半生は血と汗と涙にまみれています。悲しい人生です。ときには、ある人を殺したいと考えたり、自殺を決意したこともございます。わたしが書けば、いちばんいいのですが、先生の作品にお使いになっても結構です。どちらがいいか、すぐにお決めになって、至急ご返事を下さいませ』――いまだに、どちらがいいか決めかねている。

『愚息儀《ぐそくぎ》、幼時より読書を好み、小学校入学と同時に童話の習作を試みるなど、天性の文学ずきにて、家内とも相談熟慮の結果、将来は文筆をもって活躍いたさせたく、このため最も有効なる勉学法と適当なる大学の選択に関し、貴下のご高見を賜りたく存じ、一書を拝呈いたしました』――中学生の父親からの手紙である。達筆で古風な文章だった。

『家庭の主婦ですが、推理小説に興味を持っています。眠れぬ夜などは、わたしのミステリーずきに無理解な主人を殺し、自殺に見せかけるトリックなどを考えて、作品の構想をねっております。作家になるためには、いっそ現在の主人と離婚して、自由になったほうがいいとも思いますが、いかがなものでしょうか』――まったく、いかがなものでしょうねえ。

しかもこの手紙、『お目にかかって、いろいろお話を伺いたいと存じます。一泊ぐらいはできますので、ご指定の場所へ出かけてもよろしゅうございます』などと末尾に記してある。当方も〝一泊ぐらいはできますので〟大いに心が動いたが、殺してから自殺に見せかけるトリックの正体が不明で、もしや、その夜、などと考え、いまだにご返事はさし上げていない。

『最近の推理小説は〝推理〟も〝小説〟も不在であり、売文業者の粗悪なる作文にすぎない。犯罪者の苦悩も虚無感も、不毛なる作家精神の荒廃は、これを描出する筆力を欠き、現代から遊離した作品の氾濫が、推理小説の衰弱を招来して、今日的な意味の一片すら、そこには見出し難いのである』――原稿用紙にビッシリと書かれた長文の一節だが、なんのことかよく分からなかった。

しかし、『売文業者の粗悪なる作文』という個所だけは明白に理解することができた。推理小説の評論家になりたいという、二十一歳の大学生の手紙である。

いずれにしても、読者からのお便りは楽しいが、返事をさし上げられない場合が多い。この機会に、誌上をかりて、お詫びやら、お礼を申し上げることにした。

このエッセイは、昭和四十三年（一九六八）『推理界』の六月号に発表したものだから、すでに二十数年が経過している。しかし、作家になりたい、小説の書き方を教えて、というような手紙は、その後もあとをたたない。

作家が多額納税者の仲間入りをし、全国長者番付に顔を出すようになったご時勢だ。それだけに、私に寄せられる手紙の内容も、以前とはいささか異なったものになっている。その間の事情を、私は雑誌『現代』（一九八二年四月）に、つぎのように述べている。

ちかごろの小説家は、数億円の年収にめぐまれ、テレビのコマーシャルに出れば、出演料ウン百万円というのは、まず間違いあるまい。夜ともなれば銀座あたりの一流のクラブに現われて「センセイ、センセイ」と美女たちにかこまれ、冬は温泉場のホテルにこもり、夏は高原の別荘に暑さを避けて、気がむけばフラリと外国へ旅立つ。時には取材と称して編集者を帯同し、その地で口にした食べ物のアレコレ、一夜をともにした女性との交情を、嘘かまことか証人があるではなし、筆にまかせて書きとばせば、これまた巨額の稿料となって、原稿用紙を紙幣に換える早業《はやわざ》は、世の勤人《つとめにん》や小商《こあきな》いには夢のまた夢、終生かなえられそうもない。勤務時間も就業規則も、めんどうなもの一切なし。他人の秘め事も女房の悪口も、政治がよくない、社会がゆがんでいると、怒鳴ろうがわめこうが、ひとたび活字にすれば怖いものもなく、表現の自由は憲法の保障するところと、そっくり返っている日常では腰さえ曲がらず、ひたすらゴルフにはげみ、健康に心がけていれば、芸術院会員とやらに仲間が推薦してくれ、年金付きの文化功労者となることも、かなわぬ望みではあるまい。世に小説家ほど結構な職業はない――と私が思っているわけでは断じてない。

　年に二通か三通、作家志望と称する男女から、私が受け取る手紙の中には、上述した理由の一つか二つが、露骨な表現は避けているものの必ず記してあって、小説家は年来あこがれの職業、できることなら自分もその道に進みたい、ついては先生のご指導を賜りたく、というのが決り文句になっている。

　私のように、信州の田舎町にこもって、筆一本の生活を、どうやら飢えもせず民生委員のお世話にもならず、細々とつづけているのを見れば、中央の流行作家や大文学者よりも、多少は親近感を覚えるのであろうか。あの程度の作家なら、こちらの依頼に喜んで答えてくれるヒマはあるはずと、返信料同封の問合わせが年に二、三通はくる……（後略）

私が小説を書きはじめたころは、作家などといえば、いささかうさん臭い人種のように見られたものである。もとより筆一本で生計をたてられるとは、まったく思っていなかった。明治時代の作家であり、文芸評論家であった斎藤緑雨が、

「案ずるに筆は一本也。箸《はし》は二本也。衆寡《しゅうか》敵せずと知るべし」

という警句を残しているが、筆一本で豊かな生活が送れるとは、だれも考えていなかった。ただただ書くことが好きで、この道にのめり込んだというのが大半であった。

それがちかごろでは、学生ばかりか家庭の主婦までが、カルチュア教室に通って、小説コースなどを受講しているという。

特に推理小説の場合、いくつかの雑誌が新人賞を設けて、一般からの作品を募集している。さらに、テレビ局や出版社が共同主催の形で、推理小説大賞などと銘打った懸賞作品に、五百万円とか一千万円という高額な賞金を提供している。推理作家への門は、いまや広く、大きく開かれているのだ。

しかも、これらの懸賞に入選すれば、昨日まで無名だった人物が、作家だの先生だのと呼ばれて、テレビのなんとかショーに出演し、この事件の犯人はですね、わたしの推理によれば、と臆面もなく見当違いのコメントを述べたてることになる。見ているほうでは、なんだ、あの程度でも作家になれるのかよう、と書店に走って、入選作品なるものを買い

求める。読んでみると、前に記した大学生の手紙にあるような〝売文業者の粗悪なる作文〟にひとしいシロモノだ。よし、こんなものならおれにも書ける、わたしにだってできるわ、と彼等は、真新しい原稿用紙を前にして、さて、とペンを取り上げる。

しかし、ペンは思った通りに動いてはくれない。頭の中には、一つのストーリイらしいものが、漠然と浮かんでいるのだが、まず最初の一行が出てこない。なにを、どんなふうに書き進めたらいいのか。白い原稿用紙を前にして、彼等は考えこんでしまう。いったい小説とはなんだ。この茫漠として捉えようもない、小説というものの正体。それが知りたい。その書き方を……その作り方を……。

彼等のこうした想いが、前に記したような手紙となって、私のもとへ届けられたのであろう。しかし私自身、これらの問合わせに返事をさし上げたことは一度もなかった。数枚の便箋に書きつくせるような事柄ではなかったからだ。

この『推理小説作法《さくほう》』を書こうと思いたった動機もそこにある。いわば、長い間の書債を、本書によって返済しようと考えたのである。

長い前置きは、これで終わる。

2　小説には作法があるか

いったい小説には、作法といえるようなものがあるだろうか。

つまり、小説の作り方（主題《テーマ》・構成《プロット》）や書き方（描写・文章など）に、一定の法則なり基準のようなものがあるのだろうか。初心者が抱くこの素朴な疑問について少し考えてみたい。

そこでまず、日本の作家の手になる小説作法書を開いてみる。

大岡昇平『現代小説作法』（一九六二）は、いきなり次のように書き出している。

> 昔から「何とか作法」というものに、ろくなものがあったためしはありません。「ラジオの作り方」「模型飛行機の作り方」などでは、出来上がったものがどういう形をしており、どういう働きをしなければならないかということがきまっています。材料はどれとどれをそろえればいい、とはっきり書いてあります。だから誤読しない限り、ほぼ目的にかなったものが出来上がるにきまっています。
>
> つまり、模型飛行機のように材料（部品）がきまっていて、組立てる手順が一定してい

るもの、しかも、だれが作っても完成品は同じ形になることが初めから分かっているようなものならば、「作り方」の書物も役に立つが、小説作法をいくら読んでも、すぐれた作品が書けるわけはない、と大岡氏はいうのである。

さらに、この『現代小説作法』には、同じような意見が随所に記されている。

> 面白く新鮮で、人間がみんな関心を持つような話であること、これは小説の第一の条件です。
>
> なんだ、そんなら話は簡単じゃないか、とおっしゃるかもしれません。小説作法なんて、必要はないじゃないか、といわれるかもしれない。いずれも、その通りです。ほんとうのところをいえば、ぼくは小説作法なんてないと思っています。（中略）
>
> 小説は比較的新しい文学の種類ですが、流行し出して二百年以上になりますから、自然と型が出来、作法もいちおう考えられております。しかし作法に忠実なだけでは、いい小説は出来ないということは、どうしても呑み込んでおいてもらわないと困ります。

もう一冊、丹羽文雄『小説作法』（一九五四）を取り上げてみよう。ここにもまた、大岡氏と同じような意見が述べられている。

いったい小説作法という万人に向く処方箋的なものが、ある筈はないのである。小説の作法は各人に独自なものである。各人にスタイルがあり、一人として同じではないのが建前である。小説作法の題名のもとに作法をとくなど、滑稽至極である。

こういう意見は、作家ばかりではなく、評論家からも出ている。

中村光夫『小説とはなにか』（一九八二）を見ると、次のような一節がある。

> 小説作法というのはそれ自身ひとつの矛盾を孕《はら》んだ言葉です。小説という文学のジャンルはこれを書くために、特に学習したり、師匠についたりすることを必要としないもので、或る程度の学識と識見があり、人生の経験を積んだ人が、好むままに筆をやれば、小説として高い価値を持つものが、往々にして生れることは、我国でも外国でも認められています。

小説作法の著者が、小説作法を否定している。いかにも矛盾しているような話だが、彼等の真意はべつのところにある。つまり、百人の作家には、百の小説作法があり、万人に共通する小説作法などはないということである。すぐれた小説は、作者本人の力から生れるもので、ひとの力を借りるべきではないといっているのだ。

たしかにその通りであろう。しかしこれは、あくまでも普通の小説、一般の文芸作品についての見解であって、推理小説に関する限り、私はこれらの意見に同調できない。

たとえば、中村光夫氏のいうように、「或る程度の学識と識見のある人」で、「かなり人生経験を積んだ人」がある日ふと推理小説を書いてみようと思いついたとしよう。折から、隣家に殺人事件が発生し、被害者はその家の主婦であった。夫と両親、二人の子供は就寝中で、物音を聞いたものはだれもいない。被害者の部屋は内部から固く施錠され、外部からの侵入は不可能であると思われた。しかも、被害者の枕もとには、本人自筆の遺書があり、致死量の毒物が、水さしの横に置かれていた。死因は、登山ナイフのようなもので胸部を刺された結果の失血死と判明した。しかし、凶器は発見されていない。血に染まった被害者は、ベッドの上に、くの字形に倒れていたが、伸ばした右の手の中には、一輪の赤いバラの花が握りしめられていた——。

そこで、被害者の隣りに住んでいるA氏が、この事件をモデルにして、早速一篇の推理小説を書いてみようとした。

A氏は大学教授だったから、中村光夫氏がいう「或る程度の学識と識見があり」、すでに六十歳を超えている彼が「人生の経験を積んだ人」であることは間違いない。

ではA氏の手から「小説として高い価値を持つもの」が生れたか。犯人の正体は？　自殺直前の女性を殺害した動機は？ 密室の謎はとけたか。握られていたバラの花は何を意味するか。凶器はどこに消えたのか。

推理作家ならば、これらの疑問に、ひと通りの解答を用意して、なんとか一篇の作品に仕立てあげるであろう。

中村氏は、学識、識見、人生経験を積んだ人が「好むままに筆をやれば」といったが、A氏の筆が、好むように動く筈はない。解き方も書き方も分からない問題用紙を前にして、好むままに筆を動かせば、せいぜい落書き同然の〝粗悪なる作文〟が生れるだけだ。

推理小説が、学識や識見から生れるものなら、全国の大学教授や政財官界の大物はもとより、文化人と称する人びとは、いずれも大傑作を生み出せる筈だが、とんと、そんな話は聞いたことがない。

それは、推理小説には一定の作法があり、普通の小説とは異なる独自の形式を必要とする文学作品だからである。

そのことを、つぎの項で述べてみたい。

3　推理小説と作法の問題

当たり前のことだが、推理小説も小説であることにかわりはない。しかし、小説の上に、特に「推理」の二文字を冠しているのは、推理小説が、一般の文芸作品とは異なる独自の性格、或いは特質を持っているからである。

一般の小説では、男女間の愛憎をテーマにしたり、病気や生活苦、会社内部の人間関係や特異な人物像を描くなど、題材は多方面にわたるが、そのねらいは、読者の情念や感性にうったえて、自らの作品世界を構築することにある。

もちろん推理小説も、一般の小説と同じような題材を扱うけれど、その中心には、常に一つの謎が布置され、その謎を論理的に解明することによって、読者の理性にうったえ、その知的興味を満足させることにある。

つまり推理小説とは、こういう約束ごとの上に成り立っている文学作品なのだ。この点については、第二章「推理小説とはなにか」で詳しく述べることにする。

約束ごとの上に成り立っているといえば、推理小説とは、いかにも厄介で窮屈なものだと思う読者もいるであろう。しかし、そんなことはない。

たとえば、我々が「詩」と呼ぶものの中には、漢詩もあれば自由詩もあり、散文詩や叙事詩もある。さらに短歌も俳句も、詩であることにかわりはない。

俳句には、五・七・五の音律と、季題や切れ字の使用が規則的に定められている。これもまた、約束ごとの上に成り立つ文学作品である。しかし、すぐれた俳人たちは、こうした約束ごとの中から、読む人の心に迫る見事な短詩型文学を生み出したのだ。

私は、この『推理小説作法』の中で、その約束ごとに触れながら、一篇の推理小説が完成するまでの手順と方法を、できるだけ具体的に語るつもりである。

そのためにも、読者はできるだけ私の作品を読んでほしい。これは宣伝のためにいうのではない。百人の作家には、百の小説作法がある。いま、読者が目にしているこの『推理小説作法』は、あくまでも土屋隆夫という、私個人の考え方によって貫かれている。四十五年間書きつづけてきた経験や、心に蓄積している想いのすべてを、いささかも恥ずることなく、私の信念にもとづいて語ろうと思っている。

私の作品は、すべてこの『推理小説作法』が述べているような方法によって書かれている。繰り返していうが、私の作品（できるだけ長篇）をお読みになってから、本書に目を通していただきたい。それが、本書の内容を、いっそうよく理解することに役立つと思うからである。

丹羽文雄氏は、ある時、締め切り日に間に合わなかったため、その作品の覚書を編集者に示して、この通り用意はできているのだから、もう三日待ってほしいと言った。編集者はもちろん承知したわけだが、あとでその覚書を下さいと言った。その模様を、丹羽氏はつぎのように書いている。

　私は断わった。小説を書きあげたあとだから、死恥だが、死恥をさらすようなものである。

この気持ちは、私にもよく理解できる。作家は、完成した作品だけを読者に提供している。それ以前の、つまり小説を書き出す前の覚書のようなものは本人にだけ理解できる、落書きにひとしい文字が雑然と記されているだけである。とても文章といえるようなものではない。それが他人の手に渡り、他人の目にふれるとなれば、書いた本人にとっては、この上もなく恥ずかしいことであろう。丹羽氏はそれを「死恥をさらすようなもの」だと言っているのだ。

艶麗な容姿と美貌で、観客の目を楽しませてくれる歌舞伎の女形も、出演前の楽屋では、鏡の前で毛ずねを丸出しにし、双肌《もろはだ》ぬぎになって、顔のシミや小じわを白粉で塗りこめている。そんな姿は、やはり他人には見せたくないであろう。

しかし、この『推理小説作法』では、私の小説作りの楽屋を、かくすことなく公開しようと思っている。私も、執筆前には、覚書のようなものを作る。そこには、ちょっとした思い付きや、トリックとして使えるかもしれないヒント（それも自分だけに分かる程度のみじかいことば）が、他人には判読できないような文字で記されている。作品が完成すれば、覚書やメモの類は焼きすててしまうが、わずかばかりのものが、ノートに書き散らしたままで残っている。また、作品にはしていないが、これはものになりそうだと思ったアイデアを書きためたノートもある。

本書では、そういうものも読者にお目にかけることによって、作品の発想や、それが一篇の小説に仕上げられて行く過程を、できるだけ具体的にお話しするつもりである。それは、一人の作家の手の内を明かすことであり、小説作りの楽屋をお目にかけることにもなる。私にとっては、死恥どころか生恥までさらすことになるであろう。しかし、それは覚悟の上で、私は以下の持論を書き綴ってゆく。

第二章　推理小説とはなにか

1　小説は物語から始まった

私は第一章で「当たり前のことだが、推理小説も小説であることにかわりはない」と述べた。つまり推理小説は、単に「推理」の部分だけがうまく書けていればよいというものではなく、「小説」として読むに堪えるだけの内容と芸術性を持っていなければならないということである。

そこで、小説とはなにか、ということがまず問題になる。わが国でも、作家や文芸評論家の手になる小説論が数多く出版されているが、どれを読んでみても、「なるほど。小説とはそういうものか」と、素直に理解できるような書物は少ない。難解で、抽象的な文章が、当方の頭の悪さをあざ笑うように並んでいるだけで、初心者には、あまり役に立ちそうもない。

もともと「小説」ということば（文字）は、中国に起こった。今から一九〇〇年も前の作と伝えられている中国の『漢書《かんじょ》』という書物の中に、小説についての説明がある。それによると「街談巷説、道聴塗説者之所造也」となっている。つまり巷《ちまた》の噂話などを、おしゃべり好きの人物が、おもしろおかしく作りあげた話だといっているのだ。現在の小説とは、やや違った意味で使われていたようである。

わが国で、小説ということばが使われるようになったのは明治時代からで、はじめのころは「物語」と呼ばれていた。そして、この物語文学の先駆的作品ともいえるものが、平安時代に現われた『竹取物語』である。作者も、それが成立した時期も、諸説があって定かではないが、おそらく十世紀の初めに作られたものであろうと見られている。いまから千年以上も昔のことである。

竹取の翁《おきな》が竹の中で見つけた少女が、成人するにつれて輝くばかりの美貌となり、かぐや姫と呼ばれる。五人の貴公子が、彼女との結婚を望んでちかよるが、彼女はその申し出に応じようとはしない。しかし、ときの帝《みかど》が求婚するにおよんで、かぐや姫は、育ての親である翁夫妻との恩愛の絆を断って、天上の月の世界へ帰って行く――。この作品の題材は、古来の伝説や神話などからヒントを得たものであろうが、それらをもとに作者が創造した物語の世界は、小説が本来もっている虚構の面白さと楽しさを、わたし達に満喫させてくれる。わが国における物語文学の始祖として、記憶されるべき作品であろう。

『竹取物語』の出現につづいて、『宇津保《うつほ》物語』『落窪物語』が現われ、これら氏名も不詳の作者たちの努力が結実し、繚乱《りょうらん》たる花を咲かせたのが『源氏物語』五十四帖の完成であった。作者を紫式部とする説には、いくつかの異論もあるが、そういうことは文学史家の研究にまかせればよい。ともあれ、光源氏という、世にもまれな美貌と資質にめぐまれた主人公を中心に据えて展開するこの物語は、その緊密な構成と流麗な文体によって、夢幻と現実のあわいに読者を誘い、作者の高い美意識がうみ出した虚構の世界に、読者は恍惚として酔いしれるのである。

『源氏物語』は、世界最古の長篇小説であるばかりでなく、この作品の出現によって、日本の近代小説は、ようやく黎明のときを迎えたことになる。

　読者の中には、ここまで読み進んで、首をかしげた人がいるかもしれない。『推理小説作法』に、こんなことが必要なのか。推理小説はどこへ行ったのだ、と。

　だが、私は無益なことを書いているわけではない。それは、この章の後半で述べる推理小説論を理解して頂くために、どうしても触れておきたいことなのだ。つまり、私自身の小説観を、まず明らかにしておく必要があると考えるからである。

　私は『竹取』や『源氏』について述べた中に「小説が本来もっている虚構の面白さ」とか「作者の高い美意識がうみ出した虚構の世界」という表現を用いた。

　虚構とは、決してデタラメということではない。この点を、まず理解してほしい。『源氏物語』も、作者の豊かな空想力が作り出した虚構の話ではあるが、そこに登場する人物は、作者によって生命を与えられ、現身《うつしみ》の人間よりも、さらに人間らしい存在として、われわれの前に現われる。ストーリィの展開にも、無理にこじつけたような個所はなく、事件や局面の変化を伝える精密で写実的な文章は、たしかな現実感となって読む人の心に迫ってくる。それだけの配慮と周到な構想があればこそ、『源氏物語』は、時代を超えて高い評価を得ているのだ。

虚の世界を描いて、実の世界を感得させる。小説とは、もともとそういうものである。

私自身、過去に、江戸川乱歩賞や横溝正史賞など、一般からの応募原稿を選考した経験がある。いわゆる選考委員の手もとに送られてくる作品は、予選を通ったものばかりだから、まったくの愚作や駄作はない筈であるが、中には、読み終わってから、溜息をつきたくなるようなものも交じっていた。

つまり、謎の設定やトリックの案出には、新人らしい創意や工夫のあとが見られるのだが、ストーリィの展開があまりにもデタラメで、まるで小説の体をなしていない原稿を読まされてうんざりした記憶がある。

そういう作品に限って、登場人物にはもっともらしい名前がついているが、そこからはどのような人間の風貌も浮かんでこない。存在感も生活感もない操り人形にひとしい人物が、うろうろと動きまわって、行くさきざきに殺人事件が発生し、論理も脈絡もない話の間に無意味なベッドシーンがくりひろげられている。低俗な三流の劇画に馴らされた若い応募者の作品には、とかくこのテのものが多いような気がする。絵の煽情的効果をねらった劇画の台本と、推理小説という異質の文学作品は、明確に区別されなければならない。「推理」の部分に見るべきものがあっても、「小説」になっていないようでは、推理小説として受けいれるわけにはいかないのだ。推理小説を書こうとする人は、まず、自分自身の小説観をしっかりと持ってほしい。そのためにも、小説というものの正体について、もうすこしお話ししておきたいことがある。読者も、しばらくの間、辛抱してお付き合いねがいたいと思う。

2　小説には顔がある

　英米文学では、小説のことをロマンスとかノベルと呼ぶのが一般的だが、ときにはストーリイまたはフィクションという語を用いる場合もある。

　坪内逍遥が、これらの用語のうち、ノベルを小説とし、ロマンスを奇異譚と呼んで、日本では最初の小説論、あるいは小説作法ともいえる『小説神髄』を著わしたのは、明治十八年（一八八五）で、以来この小説ということばが広く用いられるようになったのである。『小説神髄』は上下二巻に及ぶ当時としては画期的な労作だが、その中で、逍遥は小説の発生や変遷の歴史はもとより、小説の構成（彼は脚色と呼んでいる）から文体、叙事法などの技術面にいたるまで、内外の作品を例にあげて詳しく論じている。

彼は、小説というものをどう見ていたか。「小説の変遷」と題した一章の中に、つぎのような文章がある。

> 小説は仮作物語《つくりものがたり》の一種にして、所謂《いわゆる》奇異譚の変体なり。奇異譚とは何ぞや。英国にてローマンスと名づくるものなり。ローマンスは趣向を荒唐無稽の事物に取りて、奇怪百出もて篇をなし、尋常世界に見《あら》われたる事物の道理に矛盾するを敢《あえ》て顧みざるものにぞある。

要するにローマンス（奇異譚）とは、この世にあり得ぬような奇々怪々の話を、はじめからデタラメは覚悟のうえで、ただ世人の興味を惹くために、世間の常識や道理などは完全に無視して、おもしろおかしく作りあげたものだと言っているのだ。また、べつの所では、奇を求める人のために、こういう作品に意匠をこらして『虚名を売らんと力《つと》むる』作者もいると歎いている。現代の推理作家の中にも、このローマンス派がいるわけだが、逍遥が生きてこれらの作品を目にしたら、どのようなことばをもって評するであろうか。

逍遥は、ローマンスの解説につづいて、こう述べている。

> 小説すなわちノベルに至りては之れと異なり、世の人情と風俗をば写すを以て主脳となし、平常世間にあるべきようなる事柄をもて材料として而《しか》して趣向を設《もう》くるものなり。

つまり、小説は「仮作物語の一種」であるという前提のもとに、われわれの日常生活に起こるであろう事柄を材料にして、人情と風俗を描くものであるというのだ。小説という虚構の作り話も、現実を離れては存在しない。これが逍遥の小説観であった。

しかし、小説も、時代とともに変化してきた。事実、逍遥の『小説神髄』以後、多くの作家や評論家が、小説について見解を述べているが、いずれも十人十色で、普遍的な原理とか定義のようなものはないというべきであろう。そこで一つだけ、比較的わかりやすいと思われる菊池寛の見解を紹介してみる（改造社版『現代日本文学全集　菊池寛集』序、一九三二）。

> 文芸は実人生の地理歴史である。いかなる処にいかなる悲惨と罪悪があるか、いかなる生活にいかなる欣《よろこ》びと苦しみがあるかの地理である。
>
> 同時に（文芸とは）人間が夫婦生活を、恋愛生活を、肉親との交渉を、いかに生活し、いかに苦しみ、いかに受用したかの歴史である。

ここまで書いてきて気付いたのは、実作者が小説について語るとき、人生とか生活ということばが、しばしば使われているということだ。たとえば久米正雄は、小説が芸術だといっても、たかが、

『その人の踏んできた一人生の「再現」としか考えられない』（「『私』小説と『心境』小説」一九二五）

と言い、川端康成も、

『小説は最も一般的な現実を、それ自らが一般的なものである言葉によって示すものである。それは生活からとり出された生活そのものである』（『小説の研究』一九三六）

と記し、さらに、

『実人生に近いということは、小説の特別の力となってはいるが、それと共に小説を危険な芸術ともなしているのである。実生活を写してその平凡さに陥らず、読者に考えさせるだけの力を持っていることが必要なのである』（同）

と述べている。私は本章のはじめに、小説とは虚の世界を描いて実の世界を感得させるものだと書いたが、この〝実〟が、人生であっても生活であってもよい。私自身、長い間推理小説を書きつづけてきたが、このことは常に念頭を離れなかった。生活の匂いもない、生きた人間の体臭も感じさせないような小説は、単なる文字の羅列にすぎない。作者は、

自らの小説に登場する人物の一人一人に、自らの血を輸血し、自らの肉を削いで移植するぐらいの決意をもって書くべきである。

いずれにしても、一篇の小説には、作者自身が投影されている。彼が、いかに生き、なにを考え、いかなる趣味をもち、人生をどのように見つめてきたか。こういう事柄が、作品の良否にかかわってくる。作者が、いかに虚構の物語を作ろうとしても、その作品の基底にあるものは作者自身である。彼が過ごした生活の歴史や人生観が色濃く投影されている筈である。完全に作者を遊離した小説はあり得ない。

このことから、小説にはその作者の顔があるといってもよい。風雪に耐えて人生をきびしく生き抜いてきた人の作品には、きびしい表情がある。誠実に生きてきた人の作品には誠実な表情が、自堕落な人の手になる作品は、くずれて締まりのない表情をうかべている。結局、小説を書くということは、読者の前に自分の顔をさらけ出すということだ。うかつに筆はとれないのである。

3　探偵小説の創始者

推理小説という呼び名が一般的に使われるようになったのは、大体昭和二十一年（一九四六）以降のことで、それまでは探偵小説と呼ばれていた。

そして、従来の小説とはいささか異なる内容を持った新しい形式の小説、すなわち探偵小説をはじめて生み出したのは、アメリカの作家エドガー・アラン・ポオであるというのが現在では通説になっている。その第一作『モルグ街の殺人』（一八四一）につづく『盗まれた手紙』『マリー・ロジェの秘密』などの一連の作品は、フレイドン・ホヴェイダのことばによれば「推理文学という一大建築の礎石《そせき》」となったのである。

もちろん、ポオ以前にも、このような犯罪に関する物語はあった。たとえば中国の『棠《とう》陰比事《いんひじ》』は、桂万栄《けいまんえい》の手になる裁判物語で、後に我が国の講談や読みものにも大きな影響を及ぼしたものだが、一二〇七年の作である。

他人の物を盗むとか、人を殺すというような犯罪行為は、人類の発生と同時に見られた現象であろう。ひとは、こうした事態に直面したとき、その犯罪や犯人についてあれこれと推理し、合理的な解決を得ようとする。これは人類に共通した欲求であって、古代の人びとも、またその例外ではなかったと思う。

古い時代の民話や伝説の中に、謎めいた犯罪や、それを解く知恵者の話が多いのも当然といえよう。司法とか裁判の制度も、人間の合理主義、論理的に真実を究《きわ》めようとする科学的な精神が作り出したものである。

ポオは、こうした人間特有の心理を、たくみに小説の中に活かして、彼の探偵小説を完成させたのであった。

では、ポオの出現以後、百五十年の間に、推理小説はどのように変貌し、いかなる作家と作品に恵まれて現在にいたったのか。外国では？　日本では？

これは、推理小説史の問題であり、実作者である私の『推理小説作法』では、詳しく述べる必要はないような気がする。私が本書で扱うのは、あくまでも現代の推理小説についてである。しかし、読者の中には、このような問題に興味を持つ人もあろうかと思い、私の目で選んだ内外二冊ずつの書物をつぎに掲げておく。

ハワード・ヘイクラフト『娯楽としての殺人』（原著一九四一／林峻一郎訳、国書刊行会、一九九二）

フレイドン・ホヴェイダ『推理小説の歴史はアルキメデスに始まる』（原著一九六五／三輪秀彦訳、東京創元社、一九八一）

江戸川乱歩『探偵小説四十年』（初刊一九六一／光文社文庫ほか）

中島河太郎『推理小説展望』（初刊一九六五／双葉文庫ほか）

4　推理小説の本質

いったい推理小説とはどういうものなのか。

書店には推理小説のコーナーがあり、多くの本が棚に並んでいる。読者の中にも、推理小説に対する漠然とした定義のようなものはあろう。しかし、この推理小説コーナーを設けた書店主や店長に、果してどれほどの理解と明確な主張があったか。読者は、その棚から数冊の本を抜きとって、パラパラとページを繰ってみる。中には、これが推理小説かな、と首をかしげたくなるような作品もある。数行の文章に目を走らせると、男女が裸で抱き合って、吸ったり舐めたりする場面が、ご丁寧にピチャだのズボッだのという音響効果入りで描写されている。これが四、五ページに一回ぐらいの割合で出てくる。なんだ、ポルノ小説かと思う。そこで本をとじると、帯には〝官能ミステリーの巨匠が描く夜の戦慄〟と謳って、裏を返すと〝女体の神秘を探る風俗ミステリーの傑作〟となっている。なるほど、探るんだから〝探偵〟に縁があるのかと思う。しかし、女体の神秘を扱うのは、産婦人科の医者の仕事じゃないのか。これがどうして推理小説コーナーに並んでいるのだ――読者は混乱してしまう。

だが、混乱しているのは読者だけではない。作家のほうにも、推理小説に対する確たる定見がなく、前にも記したが安っぽい劇画のような場面を並べて、そこに必然性もない殺人事件などを入れておけば、それがミステリーだと思いこんでいる手合いが、いないわけでもない。この「ミステリー」ということばが曲者《くせもの》で、それゆえ真正の推理小説も、推理小説の仮面をかぶったニセモノも、十把ひとからげにミステリー扱いをされることになる。

混乱は、用語のこうした無定見な使い方からも起きている。

　では、本当の推理小説とはどのようなものか。

　これにはさまざまな見解がある。たとえばヴァン・ダインの、

『探偵小説は、小説化されたクロスワード・パズルである*』

　というような意見を、推理小説の極右派とすれば、木々高太郎氏が、

『探偵小説は、特別の形式（或いは条件）を持った小説である。唯《ただ》形式が特別であるだけのことで、出て来るもの、その内容は、即ち文学であり、小説であり、広い意味では芸術である。（中略）形式、或いは条件とは何か。それは謎があり、論理的思索があり、そしてその謎の解決がある、と言う三つの条件である。この三つの条件を具備すると言う形式を通して何が出て来るかと言えば文学が出て来るのである。芸術が出て来るのである』

（「愈々甲賀三郎氏に論戦」一九三六）

　と探偵小説芸術論を情熱的に展開しているのは、さしずめ極左派の意見ということになろう。両者を折衷した中道的見解も多い。

　しかし私は、これらの見解や定義を羅列するつもりはない。ただ、わが国における推理小説の大先達である江戸川乱歩氏の見解は、この種の文学の本質を見事にとらえた卓見であり、心にとめていただきたいと思う。

「探偵小説の定義」――江戸川乱歩

探偵小説とは、主として犯罪に関する難解な秘密が、論理的に、徐々に解かれて行く径路の面白さを主眼とする文学である。

これは、氏の評論集『幻影城』（一九五一）の巻頭に置かれているが、この定義につづいて、さらに詳細な解説がある。いま全文を写す煩《はん》は避けるが、その解説は、つぎの文章で終わっている。

探偵小説は科学と芸術の混血児の如きものであり、そこに探偵小説の文学上の極めて特殊な地位がある。小説を純文学と大衆文学に二大別し、探偵小説はその後者に属すると極《き》めてしまうことは出来ない。探偵小説というジャンルはそういう区別とは別個のものである。随《したが》って、探偵小説の内に純文学的なものもあり得るし、また大衆文学的なものもあり得ると考えるのが正しいのだと思う。

推理小説が、謎ときオンリイの小説ではなく、さればといって、木々高太郎氏の「推理小説最高芸術論」にもくみしない、江戸川乱歩氏独自の主張である。私もまた、この説に同調する。

推理小説は、あらゆる文学の中で、特殊な性質をもつ一個独立した文芸なのである。

＊ヴァン・ダインによる「二十則」（一九二八）および自叙伝的文章（一九三六）に、探偵小説とクロスワード・パズルの類似を指摘した記述がある。

5 私論・推理小説とはなにか

私は以前、推理小説に関するみじかいエッセイを書いて、私自身の考えを端的に述べたことがある（講談社『現代推理小説大系』第十巻、一九七二）。そこに記した私の見解は、現在もほとんど変わりがないので、その全文を掲げて、さらに補足的な意見を加えることにした。

> 一人の作家を研究しようと思ったら、まず、彼の処女作を読まなければならない。そこには、彼を知るための重要な手がかりがひそんでいるからだ。彼が、はじめてスタートラインに立ったときの姿勢は、疾走が終わるときまで、そう大きく変化することはない。

処女作には、その作家の初心がこもっている。もちろん、仕事をつづけて行くうちには、題材も多方面にひろがり、小説作法の上での変化はあろう。読者はそれを、作家の変貌だと考える。しかし、変貌というのは、顔つきが変わることであって、いわば表面的な、形式的な変化にすぎない。内面には、依然として、初心を抱いた当時の血が流れている。質的な変化は、まことに乏しい。一人の作家は、彼の処女作の呪縛から終生のがれることはできないのだ。推理作家もまた、その例外ではない。いや、推理作家の場合は、特にそういうことが言えるような気がする。

尤も、ここで問題にしているのは、主として長篇についてである。短篇は、その作家の技巧を知る便はあっても、体質をみきわめることはむずかしいからだ。

ところで、わたしの長篇第一作は『天狗の面』である。刊行されたのは昭和三十三年（一九五八）だが、第一稿に手をつけたのは昭和三十一年の終わりであった。まったく無名であったわたしの長篇を、活字にするためには多くの困難があった。二、三のひとの手を転々として、ようやく発表にこぎつけるまでには、約二年の歳月が必要であった。陽の目を見たのは昭和三十三年で、この年、松本清張氏の『点と線』が刊行されている。

『天狗の面』を評して、多くの人々は「失敗作である」と断じた。にも拘《かかわ》らず、わたしはあの作品に、いまもなお愛着と自信を持っている。注意ぶかい読者ならば、わたしの全作品の中で『天狗の面』だけが、まったく異なった文体で書かれていることに気づくであろう。あの作品に、あの文体を使用した作者の意図を、明確に指摘した批評は遂に見られなかった。しかし、ここでは、文体論を述べるつもりはない。言いたいのは、『天狗の面』にこめられているわたしの〝初心〟についてである。

あの作品の中で、わたしは「探偵小説は割り算の文学である」と書いている。つまり、

事件÷推理＝解決

という数式で示される小説形式であって、算出された答には、すこしの剰余もあるべきではない、つまり未解決の部分を残してはならないと述べている。

後に、評論家の権田萬治《ごんだまんじ》氏がこの点にふれて、推理小説にも、剰余の存在は否定されるべきではない、という趣旨の文章を発表されていた。もっともな指摘だが、わたしの真意は、べつの所にあったのだ。松本清張氏の出現以後、多くの文壇人が推理小説の筆をとったが、大半は、未解決や矛盾にみちた、つまり剰余の多い作品ばかりで、文学成立の要因どころか、推理小説を堕落させるだけのものであった。剰余があって、しかも第一級の推理小説が出現する日まで、わたしの考えは変わりそうもない。

推理小説は、一定の形式を必要とする文学である。それが成功するためには、

1　人工的な謎と、

2　謎を解明する人工的な論理と、

3　それに伴う意外性、

を必要とする。わたしがことさらに「人工的」ということばを付け加えたのは、推理小説が徹頭徹尾「作り話」であることを強調したいからにほかならない。もちろん、すべての小説が「作り話」であることにかわりはないが、推理小説は、特にその「作話性」を重視する。犯罪の記録や、ノンフィクションと呼ばれるもの、或いはある事件のルポルタージュのようなものは、いかに文学的に表現されていても、推理小説と呼ぶべきではない。そこには、作者が作り出した「人工的な謎」や「人工的な論理」がないからだ。

　ああして、こうして、こうなった、というような記述は、新聞の記事や、実話であって、推理小説にはなり得ない。

　わたしのような説をなすものは、ガチガチの石頭で、古くさい本格派だ、ということになっているようだ。「社会派」の作家に見習うべきだ、と忠告する人もある。ところが、この「社会派」ということばには、かなりの誤解があるようだ。くわしく論ずる紙数がないので、興味ある事実だけを記しておこう。

　そもそも「社会派」ということばは、松本清張氏の出現以後、マスコミが作り出したレッテルである。その長篇第一作『点と線』は多くのファンを魅了した。推理小説の第一人者として、氏の地位を不動のものにした、これは記念すべき作品となった。

ところで、その作品の〝あとがき〟で氏はこう述べている。つまり従来の推理小説が、動機の面を軽視していた点を指摘したあとで『この小説では、いわゆる謎ときの方にウエイトを置いて動機の部分は狭くした。それが「本格」の常道かどうかは知らないが、私の今までの主張を自ら裏切ったようで少々後味が悪い』

これは興味ぶかいことばである。松本氏が〝今までの主張を自ら裏切った〟〝少々後味が悪い〟作品が、圧倒的な好評を博したのである。〝謎ときの方にウエイトを置いて動機の部分は狭くした〟作品が、熱狂的な支持を得たのだ。そしてこれは、まぎれもなくアリバイ破りに主眼点をおいた〝本格の常道〟をゆく作品であった。

松本氏の長篇第二作『眼の壁』にも、次のような〝あとがき〟がある。動機を社会的にひろげることの必要を記されたあとで、氏はこう述べている。

『これはむずかしいが、できないことではなかろう。だが私は『点と線』『眼の壁』の二篇によって「本格的」な長い推理小説をはじめて書いたが、言うはやすく、おこなうはかたいことを思い知らされた。以上は私の理論であって、この小説についてではない』

この作品も又、多くの読者に喜ばれた。さらに、戦後推理小説のベストテンを選ぶような場合『ゼロの焦点』『時間の習俗』をあげる読者も多い。いずれも、〝動機の部分は狭く〃して、〃謎ときの方にウエイトを置いた〃〃本格推理小説〃ばかりである。

われわれは、この事実に注目しなければならない。松本氏の成功作が、「社会性」よりも「謎とき」にウエイトを置いたものであるという事実は、もう一度考え直してみる必要があるのではないか。推理小説に要求されているものは、いったいなんであるのか。(中略)

つぎに、推理小説文学論について私見を述べておく。

推理小説は文学であるか、という議論も、しばしば行われてきたものである。これは、推理作家のコンプレックスから生れた。文学というものを、天上に輝くまばゆい星のように見て、推理小説が、殺人だの密室だのアリバイだのと、下界の俗事を記す低劣な内容の読みものだと思いこめば、一歩でも文学(芸術)に近づきたい心境になろう。なんとかして文学者(芸術家)の仲間入りをしたいという気持が、推理小説文学論に発展した。有害ではないが、たいして有益な議論でもない。

もともと推理小説というものは、専門的な知識と技術を必要とする職人芸である。ノーベル賞作家がタバになっても、すぐれた推理小説が書けるわけではない。文学であろうが、芸術であろうが、目の色を変えてさわぎたてるほどのことでもあるまい。文学サンにデレデレし、芸術サンのご機嫌を伺うより、職人芸に徹すべきである。すぐれた指物師の作品を、道具と見るか、芸術品と見るかは各人の自由である。推理小説というものは、たしかに存在する。存在すべき理由があり、要求があり、意義があったからだ。それだけの話である。また、それだけでいいではないか。

こう書いてくると、わたしが本格一辺倒で、それ以外のものは、推理小説として認めないという誤解を受けそうだ。わたしが本格を強調するのは、松本清張氏の「社会性」とか「日常性」ということばを誤解して、松本作品の太い骨格を作っている謎や論理を見落している亜流作品の続出を怖れるからである。殺人事件が書いてあれば、推理小説だというのでは困る。普通の小説との間に、はっきりした境界線を引いて置くためには、いささか偏狭な意見を述べる必要もあろうではないか。

わたしはかつて、ある新聞に、「いわゆる本格ものは、推理小説の楷書である」と記した。後には、自著のあとがきにも同様のことを述べている。

楷書は、書道でいう運筆の基本である。この書法をしっかりと把握してから、行書や草書に移行するわけだ。一点一画もおろそかにしない楷書は、いかにも窮屈だし、手数もかかる。そこでつい、自己流の行書や草書で間に合わせようとする。筆の運び方も知らず、基本に不忠実な文字には、品もなければ格もない。味も美しさもないのは当然で、ときには読みとることさえできない始末だ。

わたしが、本格ものを推理小説の「楷書」になぞらえたのは、これが、推理小説の基本だからである。源流であり、源泉である（読者は、ポオの出現について触れた前の文章を思い出していただきたい）。

いわゆる変格ものは、この源泉から溢れ出た一支流である。本流がなければ、支流も末流もない。貯水源もなしに、はじめから支流だった川はないのだ。

源泉を涸らしてはならない。ここに満満と水がたたえられている限り、川の流れは止まることがない。推理小説の大河が、滔滔《とうとう》と文学の沃野《よくや》を流れて行くのだ。

誤解を避けるために附言しよう。わたしは、古風な探偵小説への郷愁を語っているわけではない。すでに、彼らの時代は終わったのだ。動機の日常性や社会性も重視しよう。ただ、こういうことは言えないだろうか。ポオやドイルが、本格探偵小説を書いていた時代は、お家騒動も、遺産相続の争いも、迷信による犯罪も、すべて日常性のある、社会的な動機であった、ということだ。

つまり、動機の設定は、彼らが呼吸している「時代」と必ずしも無縁ではない。

現代の推理小説が、企業闘争や、産業スパイや、政財界の暗黒面に、好んで犯罪の動機を求めるのも、われわれが生活している「時代」の影響によるものだ。後年、たとえば百年後に、今日の推理小説を読む人は、その画一的な「動機」に眉をひそめ、社会性も日常性もない遊戯的作品として、これを非難するかもしれないではないか。

この小文は、これで終わる。現代の推理小説に、もし欠けているものがあるとすれば、それは、推理作家の〝初心〟であろう。だれでも、推理小説を書き始めたころは、ひとつアッと驚かせてやろう、といった魂胆があったに違いない。読者が目をむくような、すごいトリックはないか、と智恵をしぼった筈である。

この素朴な初心に返ることが、明日の推理小説を支える大きな力になる。わたしは、自戒のことばとしてこれを書いた。

読者よ、明日が楽しみではないか。

6　いわゆる「割り算の美学」について

推理小説に対する私の見解は、だいたい以上のようなものだが、これを少し補足しておきたい。

まず、探偵小説（推理小説）が「割り算の文学」であり、「事件÷推理＝解決」という数式で示される小説形式で、算出された答には、すこしの剰余もあるべきではない、つまり未解決の部分を残してはならない、という点についてである。この数式的見解について、ある人が「割り算の美学」と命名してくれたが、私としては推理小説の論理性を強調したかっただけのことである。

かりに、この文字による数式に、数値を代入すると、「１÷１＝１」ということになろう。つまり、一つの事件を解決にみちびくための推理は、ただ一つでなければならない。

もちろん、最終的な解決が、読者に提示されるまでには、作中の探偵によって、いろいろな推理が行なわれ、読者もまた、あれかこれかと、自分の推理を楽しむことができる。しかし、作品の最終部分で、謎を解明するための推理は、作者（作中の探偵役）によって提示されたものに限る。つまり、それ以外にも、もっと論理的で適確な推理の方法がある、と読者に思わせるようでは作品の価値が半減してしまう。不動の推理。いかなる憶測も想像も寄せつけない唯一絶対の推理。それが作中の探偵役によって語られるとき、読者は、その論理のきびしさに酔いしれるのである。

簡単な例をあげて説明しよう。

ある新人賞に応募してきた作品の審査をしたときのことである。それは四百枚ほどの長篇であったが、冒頭で、まず最初の殺人事件が語られる。

犯行の現場は、ある高層マンションの一室という設定になっていた。被害者は、そこに住んでいる主婦で、夫が出張中のできごとであった。死因は、鋭利な刃物で頸部を刺されたことによる失血死で、噴き出した血が白く塗られた壁面にまでとび散っていた。しかも、その壁面には血に染まった手形が残されていた。右手の太い五本の指と、掌紋まではっきりと見てとれるその手形は、凄惨な殺害現場を彩る不気味で巨大な花びらのように見えた——と作者は書いている。

ここまで読めば、読者としては当然、この手形が捜査の重要な手がかりになるであろうと思う。少なくとも、犯人が男か女かを推定する有力な資料である。手形は、犯人がよろめいた際、壁に手をついたためにできたのか。或いは、なんらかの意志を表明するために、そこに残していったのか。読みながら、私はエラリー・クイーンの名作『Yの悲劇』を連想していた。

あの作品では、盲・聾・唖の女性ルイザが、自分を襲った殺人犯の頬に、自分の指が触れた事件当夜の情景を、探偵たちの前で実演してみせる場面が書かれていた。一人の警部は、彼女が水平に上げた腕の高さから、犯人の身長を推定しようとするが、地方検事がそれに反論して、犯人は急いで逃げようとしていたのだから、直立しているわけがない。おそらく前にかがみこむような格好をしていたと思う。だから、女の指が犯人の頬に触れたとしても、それによって犯人の身長を推定することはできないと警部の意見を一蹴してしまう。

しかし、本篇の主人公、探偵として登場するドルリー・レーンは、この両者の会話と現場の状況から、見事な推理を展開して、犯人の身長はもちろん、読者の想像を絶する犯人像をあざやかに描き出してみせるのである。その卓抜でゆるぎない論理のたしかさが読者を酔わせる。まことに本格推理小説の醍醐味ここにきわまるといってもよい。

私は、応募作品を読みながら、壁面に残された血染めの手形を、作者はどのように利用し、どのような推理を展開してみせるのかと興味を持った。ことによると犯人の骨格や身長が、この手形から判明するのではないか。『Yの悲劇』を連想したのは、そういう興味があったからだ。

ところが、である。作品の冒頭に書かれていた「血染めの手形」は、その後まったく現われてこない。結末にいたるまで、手形のテの字も出てこないのだ。それどころか、つぎつぎに登場してくる数名の容疑者のアリバイ破りに、探偵役の主人公は東へ西へと走りまわっている。お手軽な旅行案内、いわゆるトラベルミステリーというやつだ。現場には、「掌紋まで見てとれる」ほど鮮明な手形が残されていた。容疑者のアリバイを調べるより、まず相手の手形と血染めの手形をくらべれば、一発で明白な結果がでるではないか。つまり、作中の探偵より、読者のほうが、もっと適確で容易な推理の方法を知っているのに、作者だけが気づいていない。これでは困るのだ。一つの事件を解明する推理は、ただ一つでなければならない。つまり、唯一絶対の推理が、あらかじめ作者によって考えられていなければならないのである。

この応募作品の作者は、おそらく他人の作品か新聞記事などの記憶から、「現場には血に染まった犯人の手のあとが残されていた」というような文章を思い出し、なにげなく書いてしまったのであろう。話を分かりやすくするために、私は無名の新人の作品を例にあげたが、実は、既成作家の中にも、こういう杜撰《ずさん》で緻密さに欠ける作品が意外に多いのである。

つぎに、解決と剰余の問題について触れておきたい。

事件÷推理＝解決

この数式的見解では、解決の部分に、いささかも剰余があってはならない、というのが私の主張であった。では、剰余とはなにか。それは、解決の部分に、不審な点や疑問点がそのままに放置されているということである。読者にとって、これほど苛立たしいことはない。

前に述べた新人の応募作品を、もういちど使わせてもらうが、その作品の結末では、逮捕された犯人が、犯行後の模様を自供している。原文は忘れたが、およそ次のような内容であった。

「女が、部屋の壁にかけてある絵を、得意そうに説明するのを聞きながら、自分は背後から女の体をかかえるようにして、用意してきた登山ナイフを、一気に女の首すじに突き刺した。一瞬、女はバネ仕掛けの人形のように、クルリと向きを変えると、私の体に抱きつくような恰好になり、二、三歩あとずさりした私の足もとに崩れ落ちた。噴き出した血が女の顔を不気味に染めている。すさまじい形相だった。自分は、あまりの恐ろしさに、女の絶命を見とどける余裕もなく、ナイフをポケットに入れると、あわてて部屋をとび出した。それでも、ドアのノブについている指紋を、ハンカチで拭きとることだけは忘れなかった。廊下にもエレベーターにも人の姿はなかった。マンションの外に出ると、走ってくるタクシーが目についたので、私はそれに乗って現場を離れた……」

犯人はそのあと、自分のアパートに戻り、衣服をあらためてから駅に向かい、かねて考えていたアリバイ工作のために、電車や飛行機を利用して動きまわるのである――。

この作品の説明を、どれほど好意的に読んでも、なお幾つかの疑問は残る。

凶器（登山ナイフ）を用意したり、アリバイ工作を考えてあったのだから、これは計画的な犯行である。それにしては、あまりにお粗末な犯人（作者）の計画ではないか。

犯人は、女の首すじに登山ナイフを突き刺した。噴き出した血が、女の顔を不気味に染めたというが、同時に犯人は返り血を浴びている筈である。少なくとも、自分の袖口や手首は、血まみれの状態になっている（だから壁に手形が残ったのだ）。

しかも、刺された女は、クルリと反転して、犯人の体に抱きつくような恰好をして、その場に崩れ落ちたという。当然、このときにも、噴きこぼれている女の血が、犯人の肩口や胸のあたりに付着したであろう。ときには犯人の顔面にまで。

そこで、つぎのような疑問が残る。

1　指紋を拭きとるほど注意ぶかい犯人が、壁面の手形をそのまま残していったのはなぜか。

2　タクシーがすぐつかまえられなかった場合、犯人はどうするつもりだったのか。

3　犯人の体には血痕が付着している。運転手に怪しまれることなく車に乗り、料金を血まみれの手で払ったことになるが、それは可能だったのか。

4　以上の危険を防ぐためにも、血の流出を見ない絞殺や撲殺、あるいは毒殺をやめて、刺殺をえらんだ理由はなにか。

解決篇の犯行の方法や現場からの逃走を説明するわずか十数行の中にも、これだけいくつかの不審点や疑問点が残されている。これが、私のいう「剰余」である。

一般の文芸作品と違って、推理小説の結末には常に明快な解決が要求される。推理小説の宿命である。一点の剰余もない作品。一個の疑問も不審点も残さない解決。容易ではない。しかし、やってやれないことはなかろう。

私自身、自分の作品を書きながら、必ず自分の作品の〝アラさがし〟をやってきた。できるだけ意地の悪い読者の目になって、作品のすみずみまで、意地の悪い読み方をする。長い時間をかけて、それだけの作業をしてきたつもりである。

四十五年間、推理作家として私が世に送り出した長篇は九作にしかすぎない。しかし、この九作は、すべて私の推理小説論の実現であり、私の主張の具象である。もちろん、私の多くの短篇にも、この考え方は一貫して流れている。

第三章　発想の方法

1　テーマについて

一篇の推理小説を書こうとして、机に向かいペンを手にする。そのときまでに、作者はなにを思い、なにを考え、どのような想念を追い求めてきたのか。

私もときどき、文芸講演会に招かれたり、作家志望の若い人たちの会に出席したりすることがある。そういう際に、必ずといっていいほど訊ねられるのが、

「どうしたらああいう小説が書けるんですか」

「ああいう小説は、いつ、どんなふうにして考え出すものですか」

といったようなことである。こういった質問に答えることは大へんむずかしい。それは質問者の〝ああいう小説〟が、〝ああいうストーリイ〟であったり、〝ああいうトリック〟であったり、〝ああいう事件〟〝ああいう犯罪〟であったりするからだ。中には〝ああいうテーマを選んだ理由〟とか、〝ああいう変わった犯行の動機〟を訊ねている場合もある。

だから漠然と、〝ああいう小説を、いつ、どんなふうに思いついたのですか〟と言われても、ひと口で相手の満足するような説明はできないわけである。

その点、推理小説以外の小説、特に純文芸と言われているような作品の場合は、質問者の意図をかなり明確に察することができる。つまり〝ああいう小説〟が、〝ああいうテーマ〟と同じような意味で使われているからである。

たとえば谷崎潤一郎氏に『瘋癲《ふうてん》老人日記』という作品がある。本篇の主人公は卯木督助という八十にちかい老人だが、彼の人間像は本人の日記の中で次のように述べられている。

生ニ執着スル気ハ少シモナイガ、デモ生キテヰル限リハ、異性ニ惹カレズニハヰラレナイ。コノ気持ハ死ノ瞬間マデ続クト思フ。九十ニナッテモ子ヲ産ンデミセルト云フ久原房之助ノヤウナ精力ハナク、既ニ全ク無能力者デハアルガ、ダカラト云ッテイロ〳〵ノ変形的間接的方法デ性ノ魅力ヲ感ジルコトガ出来ル。現在ノ予《よ》ハサウ云フ性慾的楽シミト食慾ノ楽シミトデ生キテヰルヤウナモノダ。サウ云フ予ノ心境ヲ、颯子ダケハオボロゲニ察知シテヰルラシイ。

この颯子という女性は、老人の息子の嫁で、いわば舅《しゅうと》と嫁との間柄だ。豊かな財力に恵まれてはいるが、高齢のために歩行も困難となり、入浴さえ他人の手を借りるような老残の身に、埋火《うずみび》のようにくすぶりつづけている性への飽くなき希求。しかも、この颯子という嫁が、いかにも現代ふうな、したたかな女性で、自分の肉体に対する老人の情慾を、ときには利用し、ときには挑発しながら、その秘密の関係を楽しんでいるように見える。だから、自分の素足にわざと触らせてみたり、シャワーを浴びている姿を老人が盗み見していることを知って、バスカーテンの隙間から、肩や膝などをチラつかせて相手の反応をうかがったりする。ときには、老人のせがむままに、バスカーテンから脛《すね》だけを出して、そこに唇をつけさせたり、足の指を口にふくませたりもする。そういう行為が、自分の血圧を上げる、危ないことだと老人にはよく分かっている。

> 颯子ノ三本ノ足ノ趾《ゆび》ヲ口一杯ニ頰張ッタ時、恐ラクアノ時ニ血圧ガ最高ニ達シタニ違ヒナイ。カアット顔ガ火照《ほて》ッテ血ガ一遍ニ頭ニ騰《のぼ》ッテ来タノデ、コノ瞬間ニ脳卒中デ死ヌンジャナイカ、今死ヌカ、今死ヌカ、ト云フ気ガシタコトハ事実デアル。

しかし、死の恐怖を前にしても、老人の性的慾求はとどまることをしらない。しかも、颯子は、この年老いた舅の情念を巧みに利用して、十五カラットの猫目石《キャッツアイ》がほしい、などと言い出すのである。

いっぽう、この老人には、すでに他家へ嫁いでいる陸子《くがこ》という娘がある。彼女は、自宅が狭いので、新しい家を買うための資金を銀行から借りることになり、その金の利息だけでも助けてもらえないかと、父のもとを訪れる。金額は二万円ほどで、それも来年にはお返しします、という話だ。しかし、老人は、『コノトコロイロ／＼出銭《でせん》が多クッテネ』と、娘の頼みをにべもなく断わってしまう。それでいて、嫁の颯子が望んでいる宝石を手に入れるためには、三百万円もの大金を、ひそかに与えているのだ。その代償として、彼女は自分の首すじにキスをすることを許し、さらに、本当のキスをせがむ老人に、『口ト口ト合ハセナイデ、互ニ一センチホド離レテ、アーント口ヲ開ケサセテ、予ノ口ノ中ヘ唾液ヲ一滴ポタリト垂ラシ込ンデクレタダケ』ということになる。ただそれだけのことだが、老人は狂喜して、彼女の若い肌に唇を這わせ、むさぼるように唾液をのみこむのだ。まさに、死を目前にした老人の凄絶な痴戯が、飽くこともなく繰り返されるのである。

　常に自分の死を予感している老人は、遂にある計画を実行することにした。彼は、颯子の足の裏を拓本に取り、それを自分の墓石に刻みつけようと考えたのだ。いわゆる仏足石である。その心理を、作者はつぎのように書いている。

　肉体ガナクナレバ意志モナクナル道理ダケレドモ、サウトハ限ルマイ。タトヘバ彼女ノ意志ノ中ニ予ノ意志ノ一部モ乗リ移ッテ生キ残ル。彼女ガ石ヲ蹈《ふ》ミ着ケテ、「アタシハ今アノ老耄《おいぼ》レ爺《じじい》ノ骨ヲコノ地面ノ下デ蹈ンデヰル」ト感ジル時、予ノ魂モ何処カシラニ生キテヰテ、彼女ノ全身ノ重ミヲ感ジ、痛サヲ感ジ、足ノ裏ノ肌理《きめ》ノツル〳〵シタ滑ラカサヲ感ジル。死ンデモ予ハ感ジテ見セル。

谷崎氏が好んで取り上げる足に対するフェチシズムが、ここにも現われているが、私がこの作品の一部を引用したのは、べつの理由による。つまり、『瘋癲老人日記』の読者が、〝谷崎潤一郎のあゝいう小説〟と言った場合、〝嫁と舅の間で行なわれるいやらしい行為を書いた小説〟というような意味ではなく、もちろん〝ああいう不道徳な小説〟と言っているわけでもない。

ここには、老人と性の問題がとりあげられている。すでに性的能力を喪った老人にとって、それは不毛の性ではあるが、なお、心にひそむ慾望は捨て去ることができない。死後にいたるまで、女の肉体に執着するすさまじい姿が、戯画化された場面の中から、読むひとの心に迫ってくる。これが、この作品の主調音であって、〝あゝいう小説〟という場合も、その中心となるテーマを指していることは明瞭である。

では、推理小説の場合はどうか。

横溝正史氏の『本陣殺人事件』（一九四七）をとりあげてみよう。

この作品は、岡山県の農村地帯、封建的な因習や、家柄と格式を重んじる気風が根強く残っている土地で、昭和十二年（一九三七）ごろに発生した殺人事件という設定になっている。惨劇の舞台となったのは、その地方の名門で、昔は宿場の本陣でもあった一柳《いちやなぎ》家《け》。事件は、長男の結婚式が行なわれた夜に発生した。

祝宴が終わり、新夫婦が離家の寝室に引き上げたのが午前一時ごろ。旧家の結婚式らしく、この寝室で夫婦はお床盃《とこさかずき》を行ない、新婦は、部屋に用意された琴で千鳥の曲を弾じた。すべての儀式がすんで、立会人たちは母屋《おもや》に戻り床に就いた。夜がふける。午前四時十五分。離家から聞こえてくる異様な叫び声が、人びとの眠りを破った。同時に、
『コロコロコロコロシャーン！　と、十三本の琴の糸を、やたらに引っ掻くような音がしたかと思うと、つづいてバターンと障子の倒れるような音。そしてそれきり後は死の静寂《しずけさ》に立ち戻った』

ということになる。そして、駆けつけた人びとの目に映じたのは、新夫婦の死体であった。

賢蔵も克子もズタズタに斬られて、血塗《ちまみ》れになってたおれているのだった。新枕《にいまくら》の鴛鴦《おし》の褥《しとね》も、替えたばかりの青畳も、さてはまた、枕元に倒れかかっている金屏風も、べたべたといちめんに血で塗られていた。あの楽しい、うれしい初夜の夢はどこへ行ったのだろう。そこにあるのは、血も凍るような、恐ろしい地獄絵巻以外のなに

ものでもない！

　横溝氏の文章を、そのまま引きうつしてみたが、英米のミステリーに馴染んでいる読者の中には、こういう描写に眉をひそめた向きもあろう。この点については、作者自身もじゅうぶん承知していた筈である。戦後の横溝氏は、従来の作風を脱却して、謎と論理の本格推理小説を志すのだが、それに加えて、

『幼時草双紙《くさぞうし》などから吹きこまれた、おどろおどろしき怪奇趣味、そのふたつの結合したものが私のいわゆる本格探偵小説なのである』

と自分の小説観を端的に述べている（「私の推理小説雑感」）。

　いずれにしてもこの一篇は、中島河太郎氏がいうように「日本の推理小説界がようやく欧米の斯界《しかい》に比肩し得る成果を収めはじめた記念すべき作品」となったことはまちがいない。

　ところで、この作品を読み終えたひとが、「『本陣殺人事件』のような、ああいう小説」と言った場合、彼の念頭にあるものはなにか。

　ああいう封建的な農村を舞台にした小説、或いは、ああいうモジャモジャ頭の、おかしな探偵を主人公にした小説、ということであろうか。もちろん、そんなことではあるまい。

　事件の現場は、純日本風の家屋で、玄関はもとより、周囲の雨戸は内側から閂《かんぬき》をはめ

て閉ざされていた。前夜から降り出した雪は、犯行の一時間ほど前に止んで、あたりは一面の銀世界だが、その雪上に人の足跡はまったく見られなかった。犯人は、いつ、どのようにしてこの家に侵入し、いかなる方法で、足跡を残さずに逃走したか。

典型的な密室殺人である。作品の中心的命題は、その密室トリックにある。さらに言えば、現場にあった琴の糸が一本だけ切れ、琴柱《ことじ》が一つだけ失われていたことを手掛かりにして、犯行の真相に迫ってゆく探偵金田一耕助の、推理と謎ときの論理が、この作品では大きな比重をしめている。読者もまた、その点を問題にして、〝ああいう小説〟と言っている筈である。

では、純文芸作品のテーマと推理小説におけるテーマとは、まったく異質の概念であろうか。

この問題をもう少し検討してみたい。

2　テーマの選び方

いろいろな小説作法書を読むと、必ずと言っていいほど「テーマとは何か」「テーマのつかみ方」というような一章が冒頭に置かれている。

テーマは、一般に「主題」と訳されているが、実は、これにも明確な定義のようなものがあるわけではない。

たとえば川端康成氏は、

『小説の中で、どういう問題を扱うかということを考える。その扱わんとする問題が主題である。軍人のことを書こうと思うとき、軍人というのは材料であって、主題ではない。軍人がどういう場合に陥って自殺をしたか、ということを書こうとする。その自殺の原因、当人の気持というものが主題である。だから筋とも違うのである』（『小説の研究』）

と説明している。

丹羽文雄氏の『小説作法』では、この点について、自作の『蛇と鳩』を例にあげて、具体的に説明している個所がある。

『蛇と鳩』は、昭和二十七年（一九五二）『週刊朝日』に連載され、翌年第六回野間文芸賞を受賞した作品である。

この作品では、新興宗教の問題が扱われている。戦後の日本には、あやしげな宗教団体が続出したが、教祖とか盟主と称する人物の中には、宗教法人が免税である点を利用して、莫大な利益をあげているものが多い。丹羽氏は、三重県四日市にある真宗の寺に長男として生れ、八歳のときに得度《とくど》を受けて、海寿院文雄《かいじゅいんぶんゆう》という法名をもらっている。それだけに、こういうあやしげな宗教団体については、ひと一倍関心もあり、にがにがしい想いを抱いていたに違いない。

『蛇と鳩』は、古久根《こくね》という貪婪《どんらん》な男が、企業として新興宗教を利用することを思いつき、強姦や詐欺の疑いで逮捕されたこともある浅香忍というインチキ祈禱師を教祖に仕立てあげ、紫雲現世会という教団を作りあげる物語だ。ここには、各新興宗教の内幕や、信者からどのように金を吸いあげるかという、いろいろな手口が、きわめてリアルに描かれている。

この作品のテーマについて、作者自身はつぎのように述べている（『小説作法』「テーマの摑み方」）。引用したのはその一部である。

> 宗教それ自身の意義は、私も十分にみとめている。しかし新興宗教には、事業的風な面が強いのである。親鸞《しんらん》は東国地方に、おのれの宗教に帰依した多くの信者を残して、老年になってまた京都にもどったとき、生活は不如意で、関東の信者からおくられるもので生活をしていたという。新興宗教の盟主とか教祖という人間は、信者からあつまる金で、贅沢な生活をしている。この相違！　しかもそうした新興宗教によって、結構すくわれているひとびとがいる。宗教とはいったい何か、新興宗教を信者はどう考えているのか。それで、「蛇と鳩」のテーマは成立した。（中略）
>
> このテーマは、ノートに書きしるされて、闇から闇に葬られる性質のものではなかった。このテーマの小説化が、私の内部の要求に合致して、私の作家的情熱をかきた

てた。この自分の例を考えても、テーマにはおのじと追求性と発展性を帯びているものと定義したいのである。

この種の小説、いわゆる純文芸では、どのようなテーマを選ぶかということが、まず問題であろう。はじめにテーマありき、である。これは書ける、これを書きたい、これならものになりそうだ、と作家自身の情熱をかきたてるようなテーマが得られれば、そのテーマに合致したストーリィがおのずと生れてくる筈である。

推理小説ではどうか。多くの作家が、自作について語るとき、その作品のテーマについて語るということは殆どない。松本清張氏は「推理小説の発想」と題した一文の中で、

『私は、これまで、最初に推理小説を書きはじめた頃から、主に動機をテーマにした小説ばかりを相当書いてきました』

と述べ、べつのところでは、

『私は、何によらず、動機というものはすべての人間の犯す罪において、いちばん大事な点ではないかと思っています。動機のない犯罪というものはありません。そして、動機のある犯罪は、人間がもっとも窮極の立場におかれたときの性格の現われではないかと思います。したがって、動機を追求するということは、すなわち性格を描くことであり、人間

を描くことに通じるのではないかという考えをもっているのであります。私はいままで推理小説の短篇を相当書いてきていますが、そのほとんどが、動機を発見することからはじまったものであります』

と記している。つまり松本作品の発想は、まず、犯罪の動機を発見することであり、動機それ自体が、氏の作品のテーマだということになろう。この場合は、はじめに動機ありき、である。

ここで、私は自分の短篇『判事よ自らを裁け』の発想について述べてみたい。

この作品は、まず最初にテーマが決定し、丹羽氏が言うように、そのテーマを発展させ、追求するための方法として、推理小説の形式と手法を選んだということになる。純文芸の作家ならば、これと同じテーマを、べつの小説形式で作品化していたであろう。

『判事よ自らを裁け』のテーマを、いつ思いついたか記憶は定かでないが、当時のメモ帳が残っているので、それを次に掲げてみる。もちろん、作品のタイトルもストーリイも後から考えたので、メモ帳に記されているのは、ごく簡単な走り書きである。

○広津和郎『松川裁判特別号』を読む。作家の透徹した目。精緻な論理。感銘ふかし。

　第一審――福島地裁・起訴二十名全員有罪となる（内、死刑五人、無期四人）

　第二審――仙台高裁・死刑が四人、無期が二人になり、無罪が三人。他は有罪。

最高裁――仙台高裁に差戻し。

バカげている。数名の裁判官が、人の生死を左右してよいのか。無実の被告が獄中で死んだらどうなる？

法による殺人！

誤審の責任、裁判官になし。だれが、この裁判官を裁くのか。

（憲法七六条③）

冤罪と裁判官の責任について考える。

自殺？　復讐？

松川事件に全員無罪の判決があったのは昭和三十八年（一九六三）九月であるから、このメモを記したのは、多分その前年ごろであったと思う。ここに記してある『松川裁判特別号』というのは、作家の広津和郎氏が、四年有半の歳月をかけて松川事件にとりくみ、一審から最終審を迎える直前まで書きつづけた裁判批判の全文二千余枚を、特別号の形で中央公論社が刊行したものであった。一人の作家が、まったく独力で、一つの事件に取組み、真実を見極めるために、文学者の情熱をかたむけつくして裁判の誤りを正しつづけてきたのである。当時、評論家の中野好夫氏が『百年ののち、幾百、幾千のいわゆる「文学」が、ひと山の紙屑と化し去ったとき、おそらく広津さんのこの「松川裁判」こそは、醇乎《じゅんこ》たる文学精神の一大所産、一大記念碑として屹立するに相違ない』と書いているが、これは決して過褒《かほう》ではなかった。

この雑誌を、私は発売と同時に入手したが、松川事件の二審判決を最高裁が破毀《はき》して、仙台高裁に裁判のやり直しを命じた直後に、あらためて精読した。そして、広津氏の情熱と、膨大な訴訟記録を細かく検討しながら、検察や裁判官の誤りを指摘する精緻な論理、透徹した作家の目の確かさに圧倒されたのである。メモ帳の走り書きは、こうした感銘の中で、ふっと頭にひらめいたものであろう。

昭和二十四年（一九四九）八月、東北本線松川駅の近くで旅客列車が脱線転覆し、機関士ら三名が死亡、乗客約三十名が負傷するという事故が発生した。これが「松川事件」の発端であった。その一ヵ月前には、下山定則国鉄総裁が、常磐線綾瀬駅付近で、轢断《れきだん》死体となって発見され（下山事件）、さらに九日後には、三鷹駅の車庫に停止中の電車が突然暴走し、近くにいた市民六人が轢死または圧死するという異常な事故が発生した（三鷹事件）。

こうした状況の中で起きた松川事件に、世人の関心が集中したのは当然であった。警察では、直ちに松川付近の不良少年たちを洗いはじめたが、その中から十九歳の少年Aを別件で逮捕し、このAの「自白」という形で、芋づる式に二十人にのぼる被疑者を逮捕した。検察側は、その二十人すべてを列車転覆の共同謀議、或いは実行者として起訴したのである。

同一事件の被告が、死刑になったり、無罪になったりする。一人の人間を殺すも生かすも、その裁判にかかわった、わずか数名の裁判官の自由な裁量によって決められるのだ。

昭和二十二年（一九四七）以前、つまり旧憲法の時代には、裁判は天皇の名において行なわれるということになっていた。天皇は神聖不可侵の存在であったから、裁判所自体が、一種の聖域であった。裁判官は、天皇の権威を背景にして、おごそかに判決を言渡したのである。「裁判官は、誤たず」という思想はこうして生れた。この思想は、新憲法の時代になっても、なお裁判官たちの心の中に根強く残っているような気がする。

現憲法第七六条は「すべて裁判官は、その良心に従い独立してその職権を行い、この憲法及び法律にのみ拘束される」と、裁判官の独立を謳っているが、べつの見方をすれば、良心に従って判決をくだしたのだから、それが誤審であろうと、無実の被告に死刑を宣告しようと、その裁判官に責任はない、ということにもなろう。事実、誤審の責任をとって、裁判官が被告人に謝罪したとか、職をやめたというような話は聞いたことがない。『判事よ自らを裁け』のテーマは、こういうことを考えているうちに、すこしずつふくらんでいったのである。

私が、こういうテーマを選んだのには理由がある。私の父の長兄は弁護士であり、末弟は判事であった。おじ達には、同業の友人も多かったので、私は幼いころから法曹関係の人たちの日常生活や人柄に触れる機会が多かった。法服を脱ぎ去った彼等は、まったく平凡で、昔の高等文官試験（現在の司法試験）に合格したということだけが自慢の、いわば人情の機微や世間的な常識にはうといような人たちが多かったという印象がある。その人たちが、ひとたび法廷に立てば、自分の前にうなだれている被告人に、死刑とか無期懲役といった刑罰を与える権限を持っているのだ。裁判官は神ではない。当然、あやまちも犯すであろう。彼が、自分の誤りに気づいたとき、彼はどうすればいいのか。自決か。謝罪か。或いは、口をぬぐって、知らぬ顔でおし通すのか。

誤判をテーマにした私の作品には、『判事よ自らを裁け』のほかにも、『死者は訴えない』『奇妙な再会』『縄の証言』などがある。そこに登場する裁判官たちは、いずれも世俗的で、体面や世間の評判を気にする平凡な人物ばかりである。私は、過去に自分が会ったり、話したことのある判事たちの人間像を追想しながら、それらの作品を書き綴ってきた。

同一のテーマでも、それを取りあげる作者の人生観、生活、思想、文学上の立場などによって、そのテーマが生きもし、死にもする。それだけに、自分の知らない世界や、文学の手に余るような大きなテーマは、つとめて避けるほうがよい。

丹羽文雄『小説作法』では、テーマの選び方について、

『テーマは出来るだけ素直な、作家の重荷とならないものを選ぶ』

『独創的とか、秀れているとか、斬新であるなどということは、いっこうに考慮しない』

と述べているが、推理小説に関しても、同じことがいえると思う。

〔附記〕

推理小説にとって、「誤判」は魅力のあるテーマだと思う。現在の憲法や刑事訴訟法が変わらない限り、これは永遠のテーマでもある。裁判官の立場から、被告の立場から、あるいはその家族、恋人の立場から、いろいろ見方を変えることによって、このテーマは常に新鮮であり、問題をはらんでいる。

ちなみに、松川事件についていえば、被告が無罪をかちとるまでには、約十五年という長い歳月を要したことになる。死刑の恐怖にさいなまれて、獄中ですごした十五年間！その彼等に、国が賠償として支払った金額は、合計して僅か七千六百二十五万円余りにすぎない。彼等の失われた青春や人生は、再び戻ってはこないのだ。

更に、帝銀事件の死刑囚平沢貞通のような例もある。昭和二十三年（一九四八）一月、東京都豊島《としま》区の帝国銀行椎名町支店に現われた中年の男が「東京都衛生課医学博士　何某」の名刺を差出し、近くで赤痢が発生したので、その予防薬を飲んでもらうと、青酸化合物の入った薬を行員全部に与えた。それによって、十六名の行員のうち、十二名が死亡し、犯人は現金十七万円余りと額面一万七千円の小切手を奪って逃走した。事件から約七カ月後、犯人として逮捕されたのが、画家の平沢貞通であった。世にいう帝銀事件である。

平沢は逮捕後、いったんは犯行を自白したが、公判になってからは終始無実を主張しつづけた。裁判は、最高裁まで争われたが、一審の死刑判決をくつがえすことはできず、その後、しばしば再審を申立てたが、ことごとく却下された。こうして彼は、確定死刑囚として、獄中に拘禁されること三十九年間、昭和六十二年（一九八七）獄中で病死した。時に九十五歳であった。一般の人なら、天寿を全うしたといえる高齢であろう。しかし彼は、死ぬまで無実を叫びつづけた死刑囚であった！

死刑の執行は、法務大臣の命令によるが、この命令は、判決が確定してから六ヵ月以内にしなければならない（刑訴法第四七五条）。そして、この命令があってから五日以内に、死刑が執行されることになっている（刑訴法第四七六条）。

しかし平沢は、判決が確定してからも、死刑が執行されないまま三十九年間も刑務所に拘置されていたのである。これは世界に例を見ない異常なことといわなければならない。いったい、この死刑の判決には、いかなる意味があったのか。しかも歴代の法務大臣は、だれ一人として刑の執行を命じようとしなかったのである。司法当局者自身が、この裁判と判決に疑義を抱いていたからではないか。事実、平沢を犯人としたのは、彼が警察の取調べに屈して、ただ一度自白したということだけである。最大の凶器である青酸化合物の入手経路も分からず、確実な物的証拠はなに一つない。生き残った行員に面通しさせても、平沢に似ていたような気がするとか、どうも別人のようだ、と証言はまことにたよりないものだった。司法当局が、刑の執行に踏みきれなかったのも、その辺に理由があるのではないか。

私はここで、彼が真犯人かどうかということを問題にしているのではない。執行もされない死刑囚として、四十年ちかくも一人の人間を刑務所に拘置した「判決」或いは「裁判」とはなにか、ということを問題にしているのだ。

読者の中に、推理小説を書いてみたいが、うまいテーマが見つからないと思っているような方がいたら、この種の刑事事件から、テーマを選ぶこともできるということを知ってもらいたい。つまり推理小説発想の一つの手がかりとして、私はこれを書いたのである。

なお、このような冤罪事件や誤判について、自分も書いてみようという方のために、参考になりそうな書物の題名だけを掲げておく。

青木英五郎『逃げる裁判官——司法は何を裁くのか』（社会思想社、一九七九）
後藤昌次郎『冤罪』（岩波新書、一九七九）
佐野洋・西嶋勝彦『死刑か無罪か——えん罪を考える』（岩波ブックレット、一九八四）
平沢貞通（森本哲郎解説）『遺書帝銀事件——わが亡きあとに人権は甦えれ』（現代史出版会、一九七九）
正木ひろし『冤罪事件とのたたかい』（現代史出版会、一九七九）

松本清張『日本の黒い霧』（初刊一九六〇〜六一／文春文庫ほか）

3　テーマかトリックか

推理小説を書こうとするとき、作者は、まずテーマを選ぶべきか、それともトリックを考案して、そのトリックを中心にしたストーリイを作るのか。つまり推理小説の発想は、テーマとトリックの、どちらが優先するかという問題を取り上げてみよう。

ある文芸講演会に招かれたときのことである。そのときの演題は、「推理小説の現在と将来」というようなもので、これは主催者側の希望であった。講演が終わって、有志の座談会に移ったが、出席者の一人が、私に次のような質問を投げかけてきた。

「さきほどのお話で、推理小説は、大衆文学とか純文学というものとは違う、一個独立した文学作品だということでしたが、一個独立した、というのはどういう点をさしているのですか」

「それは、講演の際にもお話しした。つまり、推理小説には、作者が提示した謎があり、それを論理的に解明してゆく経路が語られている。ここに、一般の文芸とは違う推理小説の特質があるということです」

「それなら、それだけでいいじゃありませんか。その特質を思いきって前面に押し出す。

読者をアッといわせるような謎やトリックを考えて、われわれを楽しませてくれれば、それで充分だと思いますが……」

「つまり、謎ときの読み物であればいいというわけですか。それなら、長ったらしい小説などを読むよりも、謎の部分だけをとりあげた書物、たとえば、なぞなぞなーに、といったような手ごろな本がありますよ。ナポレオンは、なぜ赤いズボン吊りをしていたか。それはズボンがずり落ちないためさ、といったような」

「それは極端ですけれど……文学作品だということになれば、当然、作者の思想なり人生観みたいなものが入ってくるでしょう。われ等いかに生くべきかといったような。でも、ぼくは推理小説を読んで、生き方を教えてもらうつもりはありませんから」

「そうですよ。どんな作家だって、人にものを教えようと思って書いているわけじゃない。すべての文学作品が、たとえば詩でも短歌でも、教訓的な意図で作られているものは一つもない。小説は教科書じゃないですから」

「そんなら推理小説も、トリックや謎だけで満足すべきじゃありませんか。その上に、文学でもあるなんてのは、すこし欲がふかいと思うんです」

「そうでしょうねえ。もともと私は欲張りですから……」

　ここで出席者の大半が笑い出したので、この問答はなんとなく終わってしまった。しかし、この質問者が、私の説明に納得し、承服したとは思えなかった。推理小説が、謎ときオンリイの小説であり、奇抜なトリックだけが、作品の生命であると考えている人は意外に多いのである。だが、このような狭い世界に推理小説をとじこめてしまうのは、推理小説そのものの自殺行為にひとしい。古い殻を破って、新しい推理小説を創り出す。それが、推理小説を志すひとの今後の課題であろう。

この点について、H・R・F・キーティングの『ミステリの書き方』（原著一九八六／長野きよみ訳、早川書房、一九八九）には、次のような一節がある。

> 探偵小説《ディテクティヴ・ストーリー》は、謎解きの全過程を読者に提供し、最後に作家が正解を明らかにするまでの知恵くらべに、読者を誘うことを唯一の目的として書かれている。一方、推理小説《ディテクティヴ・ノヴェル》は、人間存在のある一面を探究する小説でもあり、また読者の興味をつなぎとめ、必要なストーリーラインを提供するために使われる謎解きの過程の記述でもある。純文学作品の中にも同じような例がある。（傍点筆者）

さらに彼はこう述べている。

> 純粋《シンプル》な探偵小説《ディテクティヴ・ストーリー》と推理小説《ディテクティヴ・ノヴェル》との相違点は、推理小説《ディテクティヴ・ノヴェル》にはテーマが存在する——作者が知らないこともあるが——という点だ。

わが国では、謎ときを〝唯一の目的〟として書かれたものも、謎ときの中に〝人間存在のある一面を探究する小説〟も、十把ひとからげに「本格推理小説」と呼んでいる。キーティング流に、謎ときオンリイのものを「パズル小説」と呼び、謎ときの面白さの中に、ゆたかな文学性を持つ作品を「推理小説」とでも呼んだら、両者の区別が、すこしは明らかになるかもしれない。

いずれにしても、謎ときだけを唯一の目的にした「探偵小説《ディテクティヴ・ストーリー》」には、そろそろ決別すべきときが来ていると思う。かつての「探偵小説」が、女子供の読みものとして軽蔑されたのは、アリバイだの、密室だの、一人二役だのと、奇をてらった、現実性のない、子供だましのトリック作りに熱中して、作者が、小説作りの基本を忘れたことに原因がある。一部のマニアには歓迎されても、知的な大人の読者を満足させることはできなかった。

木々高太郎氏は、当時の、このような風潮にあきたらず、「探偵小説芸術論」を唱えつづけたが、彼の「新泉録」と題したエッセイの中には、トリックについて触れた、次のような一文がある。現在の、いわゆる「本格推理小説」の作家も、耳を傾けるに足る意見として紹介してみたい。

彼は、新しいトリックの創造が、探偵小説には是非に必要である、と認めた上で、しかし、それだけでは満足ではないと述べたあとに、こう記している。

> 即ち探偵小説の中心である犯罪、或るかくされたる行動、或る解決を要する主題があるとする。そのような中心的主題が、その主題を背負う人物——それが探偵小説の犯人である——にとって、必然的のものでなければならぬと言う点である。もっと別に言えば、犯人がそのようなトリックを用いたと言うことが、唯そのトリックが新しいとか、ユニークであるとか言うのであっては、少しも意味がない。そのトリックがその人物（犯人）の生活、思想、心理、意図より完全に割り出されて来たものでなくてはならぬ——と言うことである。（中略）
>
> 従って、探偵小説が成立するには、トリックがあって成立するのではない。その内容があって、しかも、そのトリックはその内容から必然的に規定されることによって、はじめて成立するのである。そうなって、はじめて、その小説は探偵小説であり、しかもそれは完全な芸術品でもあると言うことになるのである。

推理小説に、謎は不可欠の要素であり、その謎は、犯人が仕組んだトリックから生れる。これが推理小説の一般的なパターンであった。私自身、そのことに異論はないが、ただ、そのトリックが、小説の内容や、犯人の人間像とかけ離れたものである場合、作者が用意した謎ときの説明も、そらぞらしい現実離れのしたものになって、子供だましのトリックだけが目につくことになる。犯罪そのものは、ごく日常的な社会現象だが、その犯人が、荒唐無稽なトリックを弄して犯行を企てるといった作品は、単なるパズル遊戯であって、とても小説とは言い難いのである。読後感は常に虚しい。

私の作品にも、いろいろな職業の人物が登場するが、トリックも、犯罪も、それぞれの人物にふさわしい方法を選ぶようにしてきた。作品の内容や、犯人像とは結びつかないようなトリックは、単なる絵そらごとにすぎない。作者が、どうだ、このトリックは、と胸を張ってみせても、読むほうでは、その程度の犯人が、そんな奇抜で突拍子もないトリックを、よくまあ考えたものだと、その非現実性にあきれるだけである。

トリックは、できるだけ現実性のあるものが望ましい。私の作品には、電話を使ったトリック、郵便によるトリック、カメラ使用のトリックなどがあるが、それらはすべて、私自身が実験して、だれにも行ない得ることを確認してから、作品に使用した。

尤も、すべての推理小説のトリックがそうだというわけではない。理論的に、読者を納得させるだけの説明や描写があれば、それでもよい。

小栗虫太郎の『黒死館殺人事件』がその好例であろう。これは、雑誌『新青年』に発表直後、大へんな反響を呼んだ作品で、彼自身が当時を回想して「平素探偵小説など、見向きもせぬと思われるような純文学方面から霰霰《さんさん》たる激励の声を聴いたのも、この時であった」と述べている。

　しかし、この作品に使われているトリックだけを見れば、江戸川乱歩氏が評したように、「彼のトリックがあまりに抽象的論理の所産に過ぎ、あまりに夢幻的、非現実的であり」、更に、そこに使われている理化学トリックは「あまりにお誂え向きな子供っぽい」ものであることは否めない事実であろう。にも拘らず、その作品が、多くの読者の熱狂的な支持を得たのである。理由はなにか。

　それは、きらびやかなペダントリイをちりばめた絢爛《けんらん》たる文章の魅力、読む人の心を、中世貴族の館《やかた》に誘い込み、そこで行なわれた殺人事件そのものが、夢幻的な、超現実的な世界のできごとであるかの如く読者を首肯《しゅこう》させる彼の筆力によるものであった。ここでは、トリックの現実性も、動機の日常性も問題にはならない。真相を推理する探偵法水《のりみず》麟《りん》太郎《たろう》のことばは、蒼然たる中世楽器が奏でる幻想的な音楽のように読者の耳に溶けこみ、その華麗な修辞《レトリック》と寓意《アレゴリー》に幻惑された人びとは、作者がうちたてた詩的論理の世界に陶酔した。文章の魔力である。

『黒死館殺人事件』は、小栗虫太郎の文章力によって、読者をねじ伏せた作品である、と私は見る。凡手《ぼんしゅ》の及ぶところではない。こういう「本格探偵小説」は、まったくの例外であって、われわれが創り出すトリックは、やはり現実性のあるものでなければならない。

　ちかごろは、一部の読者や作家の間から「本格探偵小説へ復帰すべし」というような声が上がっていると聞いたことがある。現在の推理小説が、安っぽい風俗小説やポルノ小説に、殺人だの誘拐事件で味つけしただけの、ひどくつまらない読物になってしまったことに対する反動として、こういう意見が出てきたのであろう。今がつまらなければ、昔はよかったと思う。一種の懐古趣味である。トリックの奇抜さを競い、人間性も日常性も喪失した荒唐無稽な物語。コケおどし的な文句をつらねて、「全身の血が凍り、背すじがゾッと寒くなるような怪事件」を、「明敏冷徹、神のごとき名探偵」が解決してみせる「探偵小説」――。四十数年間、推理小説の浮沈興亡の姿を見てきた私にとって、この道はいつか来た道である。

戻ることは簡単だ。しかし、その道は行きどまりなのだ。一部のマニアが、探偵小説をその袋小路に追いこんでしまった。狭い、窮屈な世界にとじこめられていた「探偵小説」を、自由で闊達な文学の世界に連れ戻して、新しい生命と息吹を与えるために、先人たちは努力してきた。その努力が、花ひらき、実を結ぶ日は、必ず来るであろう。松本清張氏が、推理小説執筆の動機を問われて、「探偵小説を『お化屋敷』の掛小屋からリアリズムの外に出したかったのである」と述べたのも、そうした事情を踏まえてのことであろう。私が、この『推理小説作法』を書こうと思いたった意図の一半《いっぱん》も、またその点にある。

推理小説において、テーマとトリックを、私は等質のものと考えてきた。即ち、推理小説の「推理」の部分には謎やトリックを、「小説」の部分にはテーマを、と考えてきた。こうして初めて完璧な「推理小説」が生れるという意見である。尤も、これは長篇に対する考え方であって、短篇の場合には、いささか異なった見解をもっている。その点については、後で触れる機会があろう。

推理小説に、謎やトリックは不可欠の要素であるが、そういう材料が無限にあるわけではない。推理作家は、やがて素材を使いきってしまうのではないか。そして、本格推理小説は、やがて滅亡するときがくる——いわゆる本格推理小説衰亡論である。次の項では、この問題をとりあげて発想の手がかり、一つのヒントを読者に提示してみたい。

4　「心理の密室」について

推理小説にとって、トリックが不可欠の要素であるというのは、外国でも日本でも動かしがたい定説のように考えられてきた。トリックを過大に評価する固定的な観念が、作家はもちろん、読者まで縛りつけて、推理小説そのものを、行きどまりの袋小路へ追い込んでしまったのだ。

本格推理小説の衰亡論は、起こるべくして起こったものといえる。たしかに、トリックの種は、すでに使いつくされてしまった。今後、読者の意表に出る斬新卓抜なトリックが、つぎつぎに現われてくるとは思えない。

江戸川乱歩氏の『類別トリック集成』（『続・幻影城』所収）を一読すれば、この間の事情は、さらに明確に理解できよう。内外の推理小説から主要なトリック八百二十一の作例を選び出し、それを項目別に分類し、解説を加えたこの研究は、日本はもちろん、外国にも例を見ない貴重な成果であった。これは昭和二十八年（一九五三）、岩谷書店から発行されていた雑誌『宝石』の九、十月号に発表されたが、当時、これを読んだ私の友人の作家が、「これはトリックの宝庫だ」と言い、「もう、これ以上の新しいトリックが生れてくる余地はないな」と溜息まじりに語ったのを今も覚えている。

たしかに、この『トリック集成』以後、多くの本格推理小説が出現したが、そこに用いられているトリックは、殆どが過去のトリックの焼直しか、組合せで、乱歩氏が収集した作例の中に、その原型が求められるようなものばかりである。つまり、作家たちは、過去のトリックのバリエーションによって、なんとかその場をしのいできたといっても過言ではない。もし、その類型を脱しようとすれば、それこそ荒唐無稽な、およそ非現実的なトリックにならざるを得ない。そうなれば、ストーリイも登場人物も、すべてそのトリックの犠牲になって、人間性も日常性もない子供だましの読物になってしまう。それを推理「小説」などと呼ぶことはできない（読者は、第二章の「推理小説とはなにか」で述べた私の主張を、もういちど想起してほしい）。

この問題については、すでに江戸川乱歩氏が、つぎに掲げるような見解を述べている。昭和十年（一九三五）、春秋社から刊行された『日本探偵小説傑作集』の序文として書かれたものだが、その一部を摘記《てっき》してみる。

> 探偵小説は文学として、ジャーナリズムの需要供給を超越して如何に高い所を目ざしても少しも差支えないのだし、又その手法に於いても、あらゆる文学的要素を取入れて、探偵小説の骨格に肉づけをし、その内容を豊富にすることは云うまでもなく望ましいのである。芸術的なるものを排斥したり、それとの絶縁を企画するのでなくて、それを貪欲に摂取し、その世界に高揚することこそ望ましいのである。探偵小説の将来の道は、殆ど掘りつくされたトリックの坑道をさまようことではなくて、かかる方向にこそ打開されるべきではないであろうか。（傍点筆者）

掘りつくされたトリックの坑道をさまようことなく——五十年以上も前に書かれたこの文章は、現代の推理作家に対する忠告として、いまもなお生きつづけている。誤解をさけるために言うが、彼は決してトリック無用論者ではなかった。それは『類別トリック集成』のような困難な作業に、氏の作家的情熱を傾けたことからもうかがうことができる。さらに、上記の「序文」の中で、乱歩はつぎのような見解を記して、推理小説の未来像を率直に語っている。

少くとも理智探偵小説に於ては、トリックが一つの重大な要素であることを私も認めない訳には行かぬ。併し今日の探偵作家は前人使用ずみのトリックを禁じられてはいない。トリックは最早第二の重要性しか持っていないのだと云っていい。それらのトリックに如何に肉づけするか、それらのトリックを如何に組合せるか、そして新しい探偵文学を生み出すかということが最大の問題である。ヴァン・ダインにせよエラリイ・クイーンにせよ、彼等のトリックは必ずしも前人未踏のものではなかった。それにも拘らず、彼等の見事なる肉づけによって全く新しい探偵小説であるかの如く、読者を引きつけることが出来たのである。

氏はこう述べたあとに、探偵小説の行きづまりを打開する方法として、個人力の出現と、トリックを超越してあらゆる文学的手法を駆使することの二つをあげている。そして『ただ、人と才能の出現を待つばかりである』と結んでいる。

しかし、いま、彼が残した評論やエッセイを見ると、トリックを超越せよとか、使用ずみのトリックでも、そこに文学的手法を駆使すれば、すぐれた作品を生むことが出来ると言いながら、一方では、「トリックの重要性」と題したエッセイの中で、

『謎とその解決を主眼とする本来の探偵小説に於ては、他の如何なる文学上の条件よりも(但し文章未熟にして小説の体を為していないような作は論外である。ここではそういう

初等教科書的なことを云っているのではない）トリックに大きな独創があるか否かによって、引いては全体の筋の考え深さ如何によって、その価値が定まるということを強く感じている』

と記している（『ロック』昭和二十一年六月号）。

異なる二つの感想は、たしかに矛盾しているが、これは江戸川乱歩氏の多年にわたる読書遍歴と、評論の筆をとりながら自分自身が実作者でもあるという、彼の内部に存在する対立相克から生れたもので、その折々の正直な感想であったと私は理解している。

いったい推理小説において、トリックはどのような位置をしめるものなのか。

私自身、推理小説を書きはじめたころは、トリック万能論者であった。読者の意表に出る斬新で独創的なトリックこそが、作品の生命であると考えていた。しかし、この考えが、すこしずつ変わってきたのは、二作目の長篇『天国は遠すぎる』（一九五九）を書き終えたころからであった。推理小説に、トリックは不必要ではないが、むしろそれは副次的なものであり、作品の中心に設定した謎を、論理的に解明してゆくという手法をとることのほうが、自分に合ったやり方ではないか。そんなふうに考えはじめたのである。トリックにたよらなくても、謎を作ることができるではないか。当時の心境を「人間が生み出す謎」と題した小文の中で私はつぎのように書いている。

ある作家が、一篇の小説を書こうとする。彼はまず、作品のテーマを考え、人物の設定をする。特に、作品の中で、主要な働きをする人物（主人公）については、その趣味や着物の好み、ちょっとした動作や言葉の癖にいたるまで、いろいろと考えをめぐらす。

こういう幾日かがすぎると、その人物は、作者の心の中でどんどん成長する。鮮やかな映像となって、いつでも作者の視野の中へ躍り出し、話しかけてくるようになる。こうなれば、しめたものだ。彼は、いつ筆をとってもよい。その人物は、もう一個の独立した人格をもって、生き生きとした活動を始めてくれるのだ。

ところが、探偵小説の場合、作者の最初に考えるものは（多少の例外はあるにせよ）トリックである。アリバイや凶器や毒薬の種類が、作者の思考の大部分を占めるのだ。これらが、作者の胸中に定着したころ、彼は大急ぎで、作中人物について考える。どうせ、凶器やアリバイにふり廻される、機械のような人間どもだ。へたに性格など考えようとすれば、作者自身が苦しめられる。なーに、人間であればいい。動く人形としての価値しか持っていないのだから……。

これは、皮肉ではない。従来の探偵小説において、主人公は凶器であり、足跡であり、鍵穴であった。それは時に、氷の弾丸であったり、時刻表の煩瑣な数字であったり、テープレコーダーであったりした。人間が主役でない小説。それが探偵小説だった、と言ったら言い過ぎであろうか。

私が今、ひそかに考えているのは、人間を主人公とした探偵小説である。人間が話しかけ、人間が生み出す謎を突きつけてくる探偵小説である。

そうでなければ、探偵「小説」などと名のる必要はない。（『日本推理小説大系』第十三巻月報、東都書房、一九六三）

ここで独断的な私見を述べることになるが、本格推理小説の滅亡論を唱える人びとは、ある錯覚に陥っているのではないか、ということである。それは、推理小説に不可欠の謎が、トリックから生れるものだ、と信じこんでいることから生じた錯覚である。

たしかに、密室トリックから、密室殺人の謎が生れる。アリバイトリックを思いつくことによって、犯行時刻に犯人がその現場にいなかったという謎を作り出すことができる。これが、一般的な考え方であった。

謎はトリックから生れ、トリックによって謎が作られる。つまり、「謎」と「トリック」は、同義語として用いられていた観がある。トリック＝謎であった。だから、トリックのタネがつきれば、謎もつきてしまうということになる。これが、本格推理小説は衰微し、やがて滅亡するであろうという予言者たちの論拠であった。

しかし、推理小説に不可欠な謎は、必ずしもトリックを必要としない。トリックにたよらなくても、謎を生み出す方法はある。それが、前記の「人間が生み出す謎」という小文の趣旨であった。

人間が生み出す謎——べつの言いかたをすれば、人間の心理の謎である。心理学者や精神科医とは違う、推理作家の目で、人間の心の深奥にひそむ隠された謎を探り、それを推理小説の手法で解明する。これならば、トリックがなくても、謎の興味と、それを解明する論理の面白さで、読者を惹きつけることができるではないか。乱歩氏が言う〝掘りつくされたトリックの坑道をさまよう〟のではなく、むしろ、その坑道から外界に歩み出すための、これも一すじの活路になろう。私はそう考えたのである。

それが私の作品にどのように具体化されたか。自作の短篇を例にして説明してみたい。

『美の犯罪』（一九六四）

これは、ある宗教団体が発行している雑誌に掲載した。

作品の中心人物として設定したのは白上香代。十五歳の少女である。未亡人の母親と六歳になったばかりの弟との三人家族で、母親が開いた小さな手芸教室からの収入で、親子が肩を寄せ合うようにしてひっそりと生きてきた。その母親も、貧しさゆえに働きつづけた無理がたたって、ちかごろは寝たきりの生活を送っている。医者が告げた病名は、悪性の腎臓硬化症で、殆ど全快の見込みがないことを、香代は知っていた。

ある日。

母親のかかりつけの医者が、往診のためにこの家を訪れる。六歳になる男の子が、縁側に腰を下ろしていたが、いつも出迎えてくれる香代の姿が見えない。医者は「奥さん、工合はどうだな」と気軽に声をかけて病人の寝ている部屋の襖を開いた。

《北側の窓から、弱い光線が流れこんでいる。病人は、中央の炬燵《こたつ》に半身を入れ、うすい掛布団に頬をうずめて、ひっそりと横たわっていた。そのとき医者は、病室特有のムッとした匂いの中に、ほのかな香料が漂ってくるのを感じた》

母親は死んでいたのである。しかも、その病み疲れて肉の落ちた彼女の頬は、うっすらと化粧されて、乾いた唇は、あざやかな口紅で彩られていた。（自殺か）と周囲を見廻したが、遺書らしいものは見当らない。彼は、そこにいた男の子を呼んで、姉さんはどこへ行った、と尋ねる。子どもは、姉と母親が喧嘩していたこと、泣きながら何か言っている母親の顔をおさえつけるようにして、姉が母親をいじめていたこと、自分が部屋へ入ってゆくと、姉がこわい顔をして、お前はあっちへ行っておいでと外へ追い出されたので、そのあとのことは何も知らないと答えた。いずれにしても、変死体であることはまちがいない。

通報を受けて駆けつけた警察の鑑識医は、死体の頸部と右頬に、爪痕と見られる溢血点《いっけつ》のあることと、先刻の子どものことばから、呼吸口の圧迫による窒息死と判定した。立会った医者も同意見であった。この瞬間から、母親の死は殺人事件となった。

このとき、娘の香代はどこにいたのか。警察では、母親を殺害した彼女が、どこかに身をかくしていると判断した。

《信州のほぼ東端、千曲川《ちくま》の左岸にひらけたK町は、一握りの商店街をのぞけば、殆どが農家であった。舗装した大通りを抜けると、起伏の多い道が、田や畑の間を縫って、赤松や灌木の茂る山林の中へ消えている。ここに逃げこんだ少女を探すことは、容易ではない》

だが、この心配は杞憂であった。数十分後には、捜査係の一人の刑事が、千曲川の河原にしゃがみこんでいた香代を見つけたのである。警察まで行って貰うんだが、理由は判るね、という刑事のことばに、香代は判っていますと答え、悪びれた様子はなかった。彼女の足もとに、手紙を焼いたと思われる封筒の一部がくすぶっていた。刑事は、それだけを見とどけて、彼女を捜査本部に連行した。

こうして、十五歳の少女白上香代に対する取調べが始まったのである。彼女は自分の犯行を素直に認めたが、殺害の動機については、かたく口をとざして語ろうとしなかった。

《――あんたは、母親を憎んでいたのか。

――違います。好きでした。世界中のだれよりも。

――母親の看病をするのが、つらくなったのではないか。

――いいえ、お母さんが全快してくれるならば、わたしの一生を犠牲にしてもいいと考えていました。

――その母親を、あんたは殺してしまったではないか。

――いいえ、お母さんは生きています。

――殺した人間が生きているというのか。

――はい。それ以外に、お母さんを生かしておく方法がなかったのです。

――わからん話だな。ところで、死体に化粧した理由はなにか。

――どなたにも、みにくいお母さんの顔を見られたくなかったんです。

――あんたは河原で手紙を燃したのだね。

――……。

――それが手紙であることは判明している。差出人はだれだね。

――知りません。

――内容は？

――読んでいません。

――読まない手紙を、なぜ燃したのか。

――読む必要がなかったからです。わたしは目をつむったまま、その手紙を燃したのです。封筒に記された文字でさえ、一字も見ていません》

どのように問いつめても、香代は犯行の動機を語ろうとしない。捜査本部では、彼女の素行調査を始めることにした。しかし、刑事たちの報告は、彼女の学業成績が優秀であり、母子家庭にありがちな性格の暗さがなく、病弱な母親に対する献身的な奉仕が、ＰＴＡの会合でも話題になっている、といった内容のものばかりであった。参考資料として、刑事が持ち帰った学校新聞は、〝母の日〟に生徒から募集した作文を特集していたが、掲載された香代の一篇には、

《わたしの母は、〝母の日〟だけに存在するのではない。わたしの時間の中に、母は無限に存在している。わたしは母の中に埋まり、母の中に息づいている。わたしは、母の一部であり、母はわたしの全部である》

と記され、その中には、つぎのような記述も見られた。

《父が死んでから、わたしと母は、貧しく生きてきた。わたしたちは、文字どおり、より添って生きてきたのだ。母のいない日常を、わたしは想像することができない。

母は決して美人ではない。でも、わたしにとっては、いかなるヴィーナスよりも美しい。

母はすぐれた学者ではない。しかし、わたしにとっては、全智の神である。

母の体重は、四十二キロしかない。だが、地上のいかなる巨木よりも、安心してよりすがることができるのだ》

香代の作文は、母に対する賛美のことばで埋めつくされていた。殺害すべき動機はどこにもない。にも拘らず、少女は母親の命を断って、その死顔を美しく化粧し、それ以外に、お母さんを生かしておく方法がなかったのです、と語っているのだ——。

「美の犯罪」は、この少女の解き難い心理の謎を中心に据えている。いかなる物理的トリックも必要としない「心理の謎」で、私はこの作品を構成した。

『愛する』（一九五四）

この作品も、「美の犯罪」と同じような手法で仕立てた。いわば同工異曲の作品といえるかもしれない。昭和二十九年（一九五四）、推理小説専門誌であった『宝石』に発表した。

ストーリイは、Mという小さな港町から始まる。このM海岸には、三軒の旅館がある。その一つ、望海荘というホテルに一人の宿泊客があった。宿泊者名簿には、東京の住所と、大場幸一、五十九歳、商業と記されていた。一見して、かなり裕福な商家の旦那と思われた。二、三日泊めてほしいということであったが、彼は滞在中、午後の散歩に出るほかは、終日部屋にこもって書き物に専念しているようであった。

事件当日の午後。彼はいつものように散歩に出かけた。

《たそがれの迫った海岸にはすでに人の姿もなく、落日に面して、砂浜に長い影をひいて行く後姿が、なにか印象的だった、と見送った番頭が述懐している》

女中が夕刊を持って彼の部屋を訪れた。そこで、宿の主人に宛てた遺書を発見したのである。遺書には、自殺を決意した理由が書かれ、ご迷惑をかけてすまないという詫びのことばに添えて、かなりの現金が残されていた。

《番頭の一人が、彼のことばによれば「第六感にピンときて」ほぼ、自殺の場所を推定した。それは、海岸から約一キロの地点にある通称天狗の鼻と呼ばれる場所であっ

た。そこは絶壁の一部が海中に張り出し、丈余の断崖の下に暗碧色の波が不気味にしずまりかえっている》

番頭が、その地点まで駆けて行ったとき、夕暮れた断崖の突端に、大場はしゃがみこんでいた。番頭は、足音をしのばせて近よっていった。そしてつぎの瞬間、番頭は異様な光景を目撃することになる。最初に彼が耳にしたのは、女の鋭い叫び声であった。

《「いけません。やめてッ」

二つの人影が、突端の上に立ち上がった。大場が何か言いながら、女の肩に手をかけようとした。女の体が、それを避けようとしている。

「いやッ。黙って！」

迫ってくる大場の体を、女は突きとばすようにした。安定を失った大場は、断崖から、もんどりうって転落していった。番頭が駆けよったとき、女は放心したように岩の上に座り込み、目の下の深淵《しんえん》をのぞき込んでいた。そこには、凍りついたような静けさだけがあった》

ということになる。自殺を決意していた男が、女に殺されたのである。その女と男の間に何があったのか。

警察に連行された女は、高宮由紀、無職、二十九歳と名のっただけで、その間の事情をまったく語ろうとしない。彼女もまた、大場の泊まっていたホテルの隣りにある旅館の宿泊客であった。お前は、以前から大場氏を知っていたのか、という問いに対しても、あの日の夕刻まで、まったく見も知らぬ人でしたと答えている。そんな二人が、偶然に断崖上で出会って、なぜ言い争いを始めたのか。質問がこの点に及ぶと、女は悲しげに唇をかみしめて、一語も発しなくなってしまった。

《――大場氏を突き落した事実は認めるんだね。

――もし、そうお考えになるなら仕方がございません。或は私がそうしたのかもしれません。

――どういうことなんだね、それは。

――私自身を守るためでしたから。

――では大場氏が、なにか、女性に対して変な態度に出た、というわけだね。

――いいえ、そんなことはございません。物しずかな、むしろ、まじめすぎるほどのお話ぶりでした。

――さっぱりそれでは、あんたの行為の説明にはならないではないか。

――でも人間には守りたいものが一つぐらいはあります。いのちをかけても守り抜きたいものが……それを守るためには、どんな手段でもとらなければならないことが……》

いったい、高宮由紀が、いのちをかけても守り抜きたいものとは何か。彼女は、それをなぜ説明しようとしないのか。

取調べに当たった警部は、頭をかかえて考えこんでしまう――。

この作品でも、高宮由紀とよぶ女性の、心の奥ふかくに隠されている秘密、つまり彼女の心理の謎が中心になっている。もちろん、ここにも物質的、あるいは機械的なトリックは使われていない。使う必要がないからだ。

当たり前のことだが、この『愛する』も、前記の『美の犯罪』も、推理小説である以上、作中に設定した謎は、必ず解明しなければならない。そのために、上記の二作品にも、作者は、ある推理小説的な仕掛けを行なった。つまり、人工的な謎を、人工的な仕掛けによって解いているのである。

その仕掛けや趣向が、どんなものであるかを説明するためには、作品の全部をここに掲げることになるわけだが、その紙数がない。機会があったら、両作を一読して、読者自身の目で確かめてもらいたい。

「心理の謎」とは、ひとの心の奥にかくされている秘密である。その秘密は、死んでも口外しないという、固い意志の隔壁に、しっかりと守られているのだ。それは、他人の出入りを許さない心理の密室である。

従来の推理小説で「密室」といえば、施錠された部屋のことであった。或いは、ある建物の周囲に、人の出入りした足跡がない、というような場合も、一種の「密室」であった。つまり密室には、家屋や足跡などという、なにかの「形」が必要であった。密室は有形の存在であった。それだけに、密室のトリックは、多少の例外はあるにせよ、常に物理的であり、機械的であり、物質的な〝なにか〟を必要とした。

しかし、心理の密室は無形である。無形ではあるけれど、密室であることにかわりはない。前記の『美の犯罪』や『愛する』などの作品も、また新しい形の密室事件であると私は思っている。トリックにこだわる必要はない。

これから推理小説を書こうとする人に、私は問いかけたい。あなたは〔トリック＝謎〕と考えるか。それとも〔トリック＜謎〕と見るか。それを決定するのは、各人の好みであろうが、すくなくとも私だけは、後者の立場で書きつづけてきた。推理小説発想のための一つのヒントとして、この問題を提示した。

第四章　創作メモの活用

1　〝ひらめき〟を育てる

前章では、推理小説の発想について記したが、発想とは〝思いつき〟あるいは〝ひらめき〟ということである。創作というのは、このちょっとした思いつきやひらめきを手がかりにして、それに趣向をこらし、肉づけをして、すこしずつふくらませながら、一篇のストーリイにまとめ上げてゆく仕事だといってもよい。推理小説だけがそうだというのではない。一般の文芸作品も同様である。

完成した作品が、たとえ二千枚三千枚の大長篇であっても、執筆前の作者の頭の中には、その長篇を支えるだけの構想があるわけではなく、ストーリイの内容やその展開が、細部にわたって脳裡に描かれているなどということもない。

ある日の、ある瞬間に、作者の想念の中にひらめくもの。これはトリックに使えるかもしれないな、こういう犯行の動機もあるんじゃないか、といった程度の、漠然としたアイデア。こういうちょっとした思いつきが、時間の経過とともに、すこしずつ形をととのえてくる。作品全体の構想やストーリィの組立ては、そのあとの仕事である。一つの思いつきから、一篇の作品が生れることもあるが、ときには、いくつものヒントを結びつけているうちに、長篇の構想ができあがるというような場合もある。

一例として、松本清張『点と線』をとりあげてみよう。この作品の成立については、氏は「推理小説の発想」と題したエッセイの中で、かなり具体的に語っている。

『点と線』は、雑誌『旅』に連載したもので（昭和三十二年［一九五七］二月～三十三年［五八］一月）、作者にとっては最初の長篇であるが、それ以前にも『張込み』『顔』『市長死す』『共犯者』など、いくつかの短篇を書いている。「或る『小倉日記』伝」で世に出た芥川賞作家が、実は、推理小説にもなみなみならぬ意欲をもっていたわけだ。そのために、小説の材料に使えそうなヒントやアイデアなどを、思いつくままに日記ふうの創作ノートに書きとめていたという。

『点と線』執筆前の氏の頭の中には、つぎのようなアイデアがあった。

――殺された死体が発見されると、すぐに警察の捜査が始まる。しかし、自殺体が発見されても、犯罪ではないから捜査の手がのびるようなことはない。殺人を自殺と見せかけるのが、犯人にとってはいちばん安全な方法ではないか。それも、自殺体が一個だけでは弱い。他殺ではないかと疑われるおそれがある。しかし自殺体が二人だとする。つまり心中だ。男女二人の情死体。これなら、警察もだまされるのではないか……。ちょっとした思いつきである。しかし、松本氏は、この思いつきを捨てなかった。

　男と女がある場所で同じ薬を飲んで死んでいると、だれでもこれは心中と見るのが普通だと思いますが、私はこのトリックに自信がなかったので、警視庁の岩田さんという鑑識課のベテランで、自殺か他殺か、死体を一目見たらピタリとあてるという、三十年から四十年の経験をもっている人にきいてみました。ところがこの岩田警視が、「いや、それなら、ぼくだってだまされるだろう」と言ったので、俄然自信ができてきました。（随筆『黒い手帖』）

　と記している。このちょっとした思いつきが、『点と線』のメイントリックになっているわけだ。氏は更に、このトリックをもっともらしく見せるために、いろいろと工夫をこらしている。死体は九州で発見されることにし、被害者となる二人の男女が、いかにも恋仲らしく東京駅のホームに立っている姿を、第三者に目撃させることにした。十三番線のホームから、十五番線のホームに入る列車に乗り込む二人の姿を見せるのは至難のわざだ。列車の発着がひんぱんな東京駅で、こちらから向こうを見通せるのは、一日のうちでわずかに四分間しかない。松本氏は、それを時刻表でたしかめ、この困難なはなれわざを、い

ちおう納得のゆく方法でやってみせた。日記ふうの創作ノートには、

『×月×日
時刻表マニア、殺人事件の発覚。
「点と線」の原型的ヒント』

という簡単な記述がある。これが、よく知られている「四分間の空隙《くうげき》」のトリックを案出する手がかりになったのだ。

他殺体を心中と見せかけたらどうか。時刻表マニアのような人物が、その知識を犯行に利用したらどうか。この二つの、いわばちょっとした思いつきが、『点と線』という長篇第一作の中に結実し、多くのファンを魅了したのである。

この二つのトリックができると、いわば話のメーン・ストリートができたようなもので、あとは路地をつくればよいわけです。トリックというものは複雑なように見えるけれども、案外簡単なもので、だれが書いても、大体一つのトリックが設定されると、あとは読者のみなさんを迷わせるようにいろいろだましの手を使えば良いので、これはたいしたことはありません。要するに、メーン・ストリートをつくりあげるまでが問題です。（随筆『黒い手帖』）

作品が成立するまでの過程を、松本氏はこんなふうに語っている。

いずれにしても、推理小説の中心的命題となる謎にせよ、トリックにせよ、それらを案出する最初の手がかりは、小さなヒント、あるいはちょっとした思いつきにすぎない。ただ、その思いつきやヒントを、どのように練り上げ、どのように作品に生かすかという点で、作家の力量が問われることになるのである。

ときどき「トリックとか謎のようなものを、どうやって作るんですか」と訊ねられるが、これは、一瞬のひらめき、偶然の思いつきであるから、机に向かって、さて、と考えても出てくるようなものではない。新聞の記事がヒントになる場合もあり、バスに乗って、ぼんやりと車内を見廻している際に、客の一人が示した或る動作や会話がヒントになって、トリックを思いついたこともある。ある作家は風呂に入っているときに、また、ある作家はトイレで、さらにベッドに入って、うつらうつらしているときに思いがけない妙案がひらめいたと語ってくれたひともいる。要するに、自分の仕事を離れて無心の状態になったときに、ひょいと思いつくことが多い。心理学的にいえば、過去の記憶や経験が、思考の中で、ある連想を呼び起こし、それが瞬間的に頭の中にひらめいたとでもいうことであろうか。うまい説明ができないので、具体的な私の経験を述べることにする。

2　私の経験から

昭和三十年代のはじめの頃だったと思う。私は一人で、ある温泉旅館に泊まった。現在と違って、そのころの旅館は、戦前からの古い木造で、往年の〝旅籠《はたご》〟といった面影を残している家が大半だった。

むし暑い夏の夜で、私は窓を開け放したまま寝ることにした。もちろんクーラーなどはどこの旅館にもなかった。電灯を消すと、破れた網戸の隙間から蚊が入りこんできて、顔のまわりをうるさくとびまわっている。眠れたものではない。私は起きて電灯をつけた。夏場は、どこの旅館にも蚊取り線香を置いていることに気付いたからだ。

部屋の隣りに四畳の踏み込みがあり、鏡台と小さな用だんすが並んで、たんすの上の小さな花瓶にはバラの花が無造作に投げこまれていた。用だんすの引出しを開ける。破れた団扇《うちわ》と栓抜きが見つかっただけだ。片方が押入れになっているので、そこも開いてみたが、布団やシーツのほかにはなにも入っていなかった。押入れの下に地袋がついている。引戸を開けると、思った通り、蚊取り線香が小さな皿の上にのって、マッチの小箱が添えられていた。そのとき、地袋の奥のほうに、新聞紙の小さな包みがあるのに気付いた。なにげなくそれを取り出して開いてみたのだが、一瞬、私はギクッとした。一握りほどの髪の毛と、女性が着物の下につける腰ひものような、紫色の細いひもが出てきたからだ。ひもは二本あったが、明らかに一本のひもを二つに切断したものであった。

髪の長さ。紫色の腰ひも。女のものであることは見当がつく。しかし、女性が自分の髪を切り取ったとは思えない。私の手で優に一つかみはある分量だ。切断面に目を寄せてみた。かなり不揃いである。鋏のようなもので、一気にバサッと切り取ったのではない。あまり切れ味のよくないナイフのようなもので、少しずつ切り取ったように見える。中には、むしり取ったと思われるような、毛根が付着したままの毛もまじっていた。

　これはどういうことだ。私は蚊取り線香に火をつけることも忘れて、空想の中の情景を追っていた。

　この部屋に宿泊した一組の男女。長い髪を肩のあたりまで垂らした和服の女性と、激情的な性格を持つヤクザふうな男。二人の間になにがあったのか、切断された腰ひもは、女の手足を縛るために使われたのであろうか。畳に突っ伏して哀願する女。男は、その女の髪をつかんで、グイと顔をねじ上げる。そばにあった果物ナイフ。男はそれを取り上げると、一気に女の髪に当てた。女は泣きながら、男の仕打ちに耐えていた。悲鳴をあげれば、宿のものが駆けつけてくる。しかし、女は、声を殺して、男のなすがままにまかせていたのだ。なぜ黙っていたのか。耐えなければならない理由が、女のほうにあったからか。男は、切り取った一握りの髪をその場に投げ出すと、女の縛《いまし》めをといた。一瞬の激情が去ると、泣き伏している女へのあわれさ、いとしさが胸にこみ上げてきた。この髪の毛をどうしようか。トイレに流すには、量も多いし、長すぎる。その辺に捨てることもできない。庭で燃したら、匂いで人に気付かれるかもしれない。これをどうする？ 持って帰るか。女は泣きながら首をふって、そこにある新聞紙を指さす。それに包んで、押入れの奥へでもかくしておいて……。

他愛もない空想である。だが、とりあえずこの「発見」を、いつも持ち歩いている創作用のアイデアノートに記すことにした。当時の古ぼけたノートを開いてみると、乱暴な字で、つぎのように書いてある。

○古ぼけた温泉旅館。部屋に作りつけの地袋の奥にあった新聞紙の包み。
女の髪の毛。一握りほど。むしり取ったと見られる跡も。毛根。果物ナイフか。
男と女。
新聞紙は×月×日の読売。この日付の前後の宿泊客。後に殺人事件。
作品の発端に。あるいは点景として。

この経験を、なにかの作品に使えないものかと、ときどき当時のメモを見ながら考えたが、結局、これはものにならなかった。しかし、その経験が、後にべつの形で役立つことになる。

それは、旅館の客室内の〝捜索〟を、私が興味をもって始めるようになったからだ。自分の泊まった部屋の内部を、徹底的に調べるというのは、いささか悪趣味だといえるが、私はそれを、眠りにつく前の〝就眠儀式〟と称して、数年間はつづけたように思う。

押入れ。作りつけの洋服だんす。鏡台の引出し。違い棚の戸袋。地袋や天袋はもちろん備えつけの冷蔵庫の内部、ときには壁にかかっている額や色紙掛けの背後まで、くまなく点検するわけだ。

　よほど掃除の行きとどいている旅館でも、地袋の中までは手がまわりかねるとみえる。雑多なガラクタが、投げこまれたままになっている。信州の旅館にかぎっていえば、およそ次のようなものが入っていた。

　古団扇。蚊取り線香。灰皿。古新聞、週刊誌。こわれた電気スタンド。まわらない扇風機。水差し。碁石。将棋の駒。切れた電球。空瓶。折れた櫛など……。

　変わったものとしては、チューブ入りの男性用の早漏防止薬。血痕のついたパンティと生理用品が、デパートの包装紙につつまれて、輪ゴムでとめてあるのを〝点検〟したこともある。

　いつだったか、湯田中《ゆだなか》温泉の旅館で、肥後ずいきの空箱を発見したことがある。箱の中の説明書に、傍線を付けて研究したあとがあり、使用者の涙ぐましい努力を想像して、しばし感慨にふけったこともある。彼のその夜の〝戦果〟は、説明書にあるように〝正しくご使用になれば、女性は喜悦感泣、天国に遊ぶ思い〟ということになったろうか。

鏡台の小引出しに、使い残りの痔の坐薬を見つけたこともある。鏡にまたがって座薬を挿入した彼または彼女の、あわれにもユーモラスな姿態を想像して笑いがこみ上げてきたが、これは推理小説の材料にはなり得なかった。

しかし、こういう〝就眠儀式〟が、私の作品に生かされた例もある。

浅間温泉のある旅館に泊まったときのことである。やはり夏であった。その夜も、私は客室内を点検したのだが、床の間の違い棚の上にある天袋から、ウイスキーの丸瓶が見つかった。中には三分の一ほど酒が残っていた。フタをあけて嗅いでみると、ウイスキーではなく、日本酒の匂いがする。おそらく、客が忘れていったものであろう。

大抵の旅館では、酒の持ち込みを喜ばないものだ。従業員もサービス料にひびくので、あまりいい顔はしない。おそらくこの客も、旅館には一、二本の酒を注文して、あとは持参したこの酒を、従業員の目をぬすんでチビリチビリと楽しんでいたのであろう。出発の際、飲み残した酒を天袋の中に隠しておいたことなどは忘れて、旅館を出ていったのだ。

私はその瓶をもとの所へ戻そうとして、不意に手をとめた。（まてよ、この瓶には、おれの指紋がついている）

一瞬、そんな想いが頭をかすめた。前にも記したが、これが〝ひらめき〟である。

私はいま、この丸瓶の数個所に指を当てた。だれかが、この行動をのぞき見して、私が風呂にでも行ったすきに、この瓶を持ち去ったとする。数ヵ月後、殺人事件が発生し、被害者は私の知人であった。死因は殴殺《おうさつ》で、現場には血にそまったこのウィスキー瓶が残されていた。凶器である。それには当然、私自身の指紋が付着している。しかも、犯行当日のアリバイを立証してくれる人もいないとなれば、私は有力な容疑者として、追及されるに違いない……。

うむ、こんなこともあるな、と私は思った。自分が犯行現場へ行かなくても、指紋だけが、他人の意志によって動いて行く。

〈動く指紋か〉

声に出して呟いて、私はひとりでうなずいた。そうか、こいつはなにかに使えるかもしれない。ちょっとした思いつきである。しかし、私はそれを、いつも持ち歩いている手帖に記し、帰宅してから創作メモ用のノートに写しておいた。いま、その部分を抜き出してみる。

○××旅館所見。（客が飲み残したウイスキーの丸瓶。手にとってみる）

動く指紋。

Aがまったく行ったことのない場所から、Aの指紋が検出される。茶碗。コップ。

置物。額にはめられたガラス。色紙掛け。

品物が介在？　できるだけ持ち歩きにくいものを考える。

作者だけの心覚えだから、読む人には判りにくいと思うが、書いてある本人には、これでじゅうぶんなのである。このちょっとした思いつきが、私の長篇『赤の組曲』（一九六六）の中心的なトリックになっている。もちろん、指紋のついている品物を、単にその場に投げ出しておくだけでは、あまりに芸のない話で、当然、そこには趣向をこらし、肉づけもした。より複雑に見せるための仕掛けを考えたわけである。

『赤の組曲』では、あるさびれた温泉宿に、一人の女性が、部屋はあいていますか、と入ってくる場面がある。都会ふうな女性の服装や、胸もとに垂れているパールのネックレスを見て、上客だと判断した女中は、最上等の部屋へ案内する。ベランダに腰を下ろした彼女は、夕食はすませてきた、弟があとからくることになっているので、弟が着いてから一緒にビールでもいただくわ、と言い、つぎの電車の到着時刻を訊ねた。

しばらくして、浴衣に着がえたこの女が、帳場の前を通って表へ出て行くのを、宿の主人が目撃している。連れの弟を迎えに行くのであろうと、主人はその後姿を見送った。

しかし、この女性は、そのまま戻ってこなかったのである。完全に姿を消してしまったのだ。女の身の上に、なにかの異変があったのか。浴衣姿のまま、女はどこへ消えたのか。

翌朝、警察は、消防団まで動員して、大がかりな捜索を開始、付近の山狩りまで行なったが、彼女を発見することはできなかった。浴衣姿のこの女性を、見かけたものは一人もいない。文字どおり、彼女は煙のように、この温泉街から消え失せてしまったのだ。

当時、東京の警視庁では、坂口美世《みよ》と称する女性の行方を追っていた。それは、坂口美世が何者かの手によって連れ出され、その後殺害された疑いが濃厚になったからである。

捜査がすすむにつれて、事件は意外な方向に展開する。それは、この温泉宿から消えた女の遺留品——洋服やハンドバッグが、坂口美世のものであることが判明したからだ。すると、殺されたと思われた坂口美世は、まだ生きていたのか。

この事態に直面して、一人の刑事はこう考えた。温泉宿から消えた女は、断じて坂口美世ではない。その女こそ、美世を殺害した犯人なのだ。遺留品の洋服やハンドバッグは、美世から奪い取ったものだ。犯人は、美世に変装し、まだ、美世が生きているように思わせるために、その宿に現われ、再び姿を消したのであろう。

しかし、この推定は、温泉宿の女中の証言によってくつがえされてしまう。それは、姿を消した女の客が、部屋に入ってから手を触れた場所や品物を女中が覚えていたからだ。警察は、女中の指示に従って指紋の採取を行なった。そこから、坂口美世自身の指紋が検出されたのである。宿から消えた女が、坂口美世であることはまちがいない。すると彼女は、自宅からいったん姿を消し、殺されたように見せかけておいて、再びこの温泉旅館に現われ、そこからもういちど姿を消したことになる。なんのために、そんな手の込んだ芝居をする必要があったのか。事件の背後にかくされている真相はなにか——。

『赤の組曲』のストーリイは、こんなふうにすすめられてゆくのだが、ここで使われている指紋のトリックは、私自身が泊まった宿で、〈動く指紋か〉と呟いたひと言がヒントになっている。

本人が行ったこともない場所から、本人の指紋が検出される。指紋だけが動いて行く。このちょっとした思いつきが、作品の中で、どのように生かされているかという点を、詳しく説明する紙数はないが、作品をお読みになった方には判ってもらえたと思う。機会があったら、ぜひ一読して、作者の手の内、創作の秘密を、ご自分の目でたしかめていただきたい。

もっとも、『赤の組曲』は、このトリック一つで書き上げたわけではない。つまり、作品の中に一貫して流れているもの、いわばテーマがある。ヒントになったのは、芥川龍之介のエッセイである。私の創作メモから、その部分を抜き出してみる。

○人生の悲劇の第一幕は親子となったことにはじまっている。(芥川・侏儒の言葉)

親子は、肉親の親子ばかりではない。

義理の親。育ての親。偽りの親。
真実のわが子と信じ、愛して育ててきたわが子が、妻の不貞による他の男性の子であると知ったとき、そこにも親子の悲劇は生れる。
親子鑑定。血液型。血合わせの法。（古代日本？）
血に関係がある。真っ赤な真実――真っ赤な嘘。

これだけのことが、一部は縦書き、一部は横書きになって、雑然と記されている。ここに書きこんである〝血合わせの法〟というのは、むかし読んだ法医学の書物に、日本では古くから親子の判定に、双方の血を取り、それを一カ所に流し込む。真実の親子であれば、血が一つに混じり合い、親子でなければ、血は一つにならないとし、これを〝血合わせの法〟と呼んだ、という記述のあったことを思い出し、ついでに書き添えたのであろう。この点、記憶は定かでない。

いずれにしても、妻の不貞によって生れた子を、わが子と信じて育ててきた男が本当の父親はべつの男性であることを知って悩んだり苦しんだりするという話は、格別めずらしいことではない。平凡な話だ。しかし、その平凡な事実を見つめる作者の目がたしかであれば、そこから人間の苦悩や哀歓を抉《えぐ》り出すことができよう。平凡をおそれてはならない。

動く指紋の謎。芥川のエッセイからヒントを得た親子の悲劇。『赤の組曲』は、指紋の謎を横糸にし、親子の悲劇を縦糸にして織り成した推理小説である。

ちょっとした思いつきやヒントから、一篇の作品が作られる。そのためにも、一瞬のひらめきを、忘れないうちに書きとめておく習慣を身につけることである。

もっとも、創作メモに記しておいたことが、すべて役立つというわけではない。あとで読み返してみると、そのときは素晴らしいアイデアだと思っていたものが、実際には他愛ないもので、少しも役にたたなかったという場合が多い。

次の項では、私自身の創作メモを、すこしばかり紹介しておく。実際は、縦書きになっていたり、横書きになっていたり、あるいは単語と単語を線で結んであったりする。それを整理して、読みやすく書き直したものである。

3　創作メモの実際

メモの書き方については、特別な形式があるわけではない。私の場合は、大型で罫線のない白地のノートを使用してきた。一つのヒントが、たった一行で記せるような短いものでも、見開き二ページを使い、余白はそのままにしている。それは、あとで書きたすためにも便利だし、ときにはそのヒントを使って作品にする場合のタイトル（題名）が浮かんでくることもあり、その作品にふさわしい人物などを、思いつくままに書きこんでおけるからである。

だから、私の創作メモを、そのままお見せしても判りにくいと思うので、ここでは、最初に私の頭に浮かんだ思いつき、あるいはヒントだけを記しておくことにした。作品として実際に使ったものもあり、書けなかったものもある。なお、このメモは、私の作品の発表順にこだわっていないので、小説にしたものはその題名を記し、若干の説明を加えておくことにした。

○新興宗教の定期集会。（公会堂大広間）

老若百数十名の男女。幹事（班長？）の指示によって整然と行動。地区の支部長到着。全員起立。拍手。信者たちの中央を悠然と歩いて、自席につく。一同敬礼。すべて幹事の号令による。旧軍隊の閲兵式を思わせる。

この統率力。信仰より生れたものか。

支部長挨拶。つづいて入信者の体験発表。子どもが多くて生活に苦しんでいたが、入信と同時に妊娠しなくなったと語る女性。六十歳ぐらい。一同拍手。笑うものなし。真剣であるだけに、異様な熱気が会場に漂っている。

この集団が、教祖の命令によってなにかの行動を起こしたらどうなるか。宗教と政治の結び付きを考える。

教団と政治団体。ボスのために働く点では全く同じだ。
死のう団事件を連想する。日蓮会殉教青年衆。不惜身命《ふしゃくしんみょう》——死のう、死のう。
教祖に〝お天狗さま〟を利用できぬか。その場合は女にする。
女をあやつる男。教祖に仕立て上げ、信者たちの力をバックに政界へ進出。
その男の死。（殺人）
利用されていた女が犯人。教祖のうま味を、自分だけのものにしたかった。
双方の性的欲求と金銭的願望。
教義、儀式を考案すること。

私の長篇第一作『天狗の面』（一九五八）の創作メモである。

昭和二十年代の中ごろ、ある新興宗教が非常な勢いで私の住んでいた町（当時はまだ村であったが）に入りこんできた。信者の数が増えるにつれて、布教活動のために、村の公会堂を利用するようになった。公会堂といっても、戦前からの古い木造の平屋で、それに隣接して私の家があった。だから、私の家の二階からは、集会の様子が手にとるようにわかったし、開け放した窓から、中の話し声はいやでも耳に入ってくる。
『天狗の面』のテーマは、この信者たちの会合を見たあるとき、ふっと思い浮かんだものであった。会場にたちこめる異様な熱気。集団の持つ巨大なエネルギー。教祖に対する陶酔的な心服。それが、私に「死のう団事件」を連想させたのである。

「死のう団事件」というのは、昭和十二年（一九三七）、日蓮宗の信者であった五人の青年が、皇居や国会議事堂、警視庁など五ヵ所の建物の前で、死のう、死のう、と叫びながら切腹自殺を図った事件である。この青年たちの盟主的存在であったのが江川忠治という、当時三十二歳の青年であった。

彼は、まだ中学生だったころ、ある宗教的霊示を受けたと称して、二十歳前後から布教活動を行なうようになった。もともと日蓮宗の信者だった彼は、宗教が時局に迎合的な態度をとっていることに不満を抱き、いまこそ教祖の教えに従って「不惜身命」を実行すべきであると説いた。つまり、日蓮宗を戦闘的な宗教団体にしようと考えたのだ。こういう主張に共鳴する信者が、二千人ちかくも集まったといわれている。彼は「不惜身命」を「死のう」という語に置きかえて、若い信者たちを集め、「死のう、死のう」と連呼しながら、街をねり歩くような奇矯な行動を示したので、当時の特高警察から弾圧されることになり、それに抗議をして、切腹自殺を試みたといわれている。

新興宗教の教祖というものは、ある種のカリスマ性を身につけている。信者が〝救われた〟と感じるのは、このカリスマ性に陶酔することである。心理的な酩酊感だ。こうなれば、教祖の指示やことばを疑うものはない。教祖の意のままに、彼等を動かすことができるのである。

私が、村の公会堂で行なわれた集会を見て、「死のう団事件」を連想し、この教祖が政界進出の野望を持っていれば、信者たち全員が教祖のために集票活動を始めるであろうと考えたのは、会場にたちこめる異様な熱気を、肌に感じたからであった。ちょっとした思いつきである。しかし、これによって『天狗の面』のテーマが成立したことになる。

ちなみにこの作品で、私は実在の人物をモデルにした。私の隣村に「お天狗さま」と呼ばれる七十歳ぐらいの老人がいた。小さなあばら屋に一人ぐらしをしていたこの老人が、失せ物、たずね人、あるいは遠隔の地に住んでいる人の近況などを、ピタリと言い当てるということで、かなり知られた存在だった。彼がいつ、そのような〝霊力〟を身につけたのかわからないが、依頼人がその家を訪れて、なにかを訊ねると、部屋の片隅にある神棚に向かって柏手《かしわで》を打ち、すぐに引きかえしてきて、「いま、お天狗さまがこう言われやしたぞ」と即座に答えるので、いつの間にか、彼自身が「お天狗さま」と呼ばれるようになったらしい。

この作品を執筆する際、お天狗さまのその後の消息をたずねたが、昭和二十年（一九四五）ごろに亡くなったということであった。そのころは、占いも予言もすっかり止めて、わずかな田畑を耕して生活していたらしい。ある人が、その理由をたずねたら、「お天狗さまが戦地へ行ってしまったでなあ」と笑っていたそうである。

『天狗の面』では、この老人をモデルにして「おりん」という女性の教祖を創出した。おりんに関する伝説的な生い立ちは、もちろん作者のフィクションである。

前に記した丹羽文雄『蛇と鳩』は、宗教を企業として利用しようとした男を描いて、宗教とはなにか、と読者に問いかけている。

私の『天狗の面』は、新興宗教と政治の癒着をテーマにした。ただ、作品の舞台を地方の農村にし、政界への進出も参議院や衆議院ではなく、村の議会という地味な扱いにしたために、このテーマはじゅうぶん理解されなかったようだ。しかし、宗教団体が、政界に進出することを、推理小説という形で予見的に書いたのは、この作品が初めてであると思う。現在、いくつかの宗教団体が、政治の世界に隠然たる勢力を誇示していることは、周知の事実である。

○第四種郵便物。盲人用の点字、通信教育関係の書類。農産物の種子。根。茎。種苗など。

第五種郵便物。事務用書類。商品見本。四種までに該当しない一切のもの。爆発物や危険物は不可。千二百グラム以下。長さ四十五センチ。幅三十センチ。厚さ十五センチ。

凶器のナイフも発送可能。ポストを利用する。料金調査。

宛先は実在の人物にすること。宛先不明郵便物は差出局に戻され、開封されるおそれがある。

宛名は暴力団関係者にするか。

長篇『危険な童話』（一九六一）で凶器消失のトリックに用いた。凶器のナイフを、封筒に入れ、規定の料金（切手）を貼って投函すれば、集配人の手で郵便局に運ばれ、宛先に配達されてしまう。

最も安全な凶器の隠し場所として、ポストを選んだ。捜査の盲点をねらったトリック。

○惚れ薬三日たっても沙汰はなし。（川柳）

実効は期待できぬということか。

媚薬をほしがる男性の心理。医者が、この心理を利用する。相手が医者であれば、受け取るほうも、新製品の媚薬（催淫剤）だと信じてしまう。その媚薬に毒物が混入していたら——。

ある男、媚薬を女にのませる。女の死。

医者が、その媚薬を与えたという事実は立証できない。医者——女——男。

これは、ある川柳からヒントを得た。実効のある媚薬など存在しないが、医者が、もっともらしい説明をすれば、あんがい信じこむ男もいるのではないか。『媚薬の旅』（一九七三）として発表。ほかに『夜の魔術師』（一九六二）がある（後に『媚薬学入門』と改題）。

○雑誌のページの表と裏。

新聞紙の表と裏。

表裏どちらの記事が、切り抜いた本人にとって必要なものであったか。

私の体験から得たヒント。ある雑誌に掲載されていた記事を切り抜いたときのことだ。三段組の雑誌で、必要な記事はいちばん下の段にあった。たしか死刑囚の短歌が十数首ならんでいたので、なにかの参考になろうと切り抜くことにしたのである。ところが、その切り取った紙片をノートの間に挟もうとしたとき、裏面の文字が目に入った。「包茎でお悩みの方へ。自宅で治せる最新情報。医師もすすめる包茎矯正具ついに完成。これで男の自信が回復する！」という××リングの広告が、私の切り取った紙片いっぱいに掲載されていたのだ。後日、たとえば私の死後に、子どもたちが、なにかのはずみでこの切り抜きを見つけた場合、表面の短歌を見て、うちの父親にこんな趣味があったんだな、と思うか。それとも裏面の広告に目をとめて、おやじも包茎で悩んでいたのかと苦笑するか。

誰か烏《からす》の雌雄を知らんや、というのは詩経《しきょう》の一節だが、この場合は正に、誰か表裏の真意を知らんや、ということになる。

この体験が、中篇『地図にない道』(一九六三)になった。もっとも、この作品では、新聞記事の切り抜きということにして、表面に或る女の顔写真、裏面にスポーツ記事の一部が掲載されていたことにした。

断片的なスポーツ記事から、顔だけの女の身もとをつきとめることができるか。この作品の中心に、その謎を据えてみた。

○麦粒腫《ばくりゅうしゅ》。(瞼《まぶた》にできる化膿性のはれもの)

一般には〝ものもらい〟という。

信州佐久地方では〝めかご〟と呼ぶ。

不意に口をついて出る方言。その人物の出生地や成育地を知る手がかりになる。

方言辞典を見ていて、ふと思いついた。

長篇『赤の組曲』の一部に使われている。

○双生児を出産した直後に妻が死亡。

その夫、二人の愛児を連れて山中の別荘に引きこもる。

周囲の人々を絶対に近づけない。父親も、子どもには話しかけない。ラジオもテレビも持ちこまぬ。完全にことばのない世界。子どもは丈夫に育ってゆく。

この双生児の間に、果して言語が発生するか。意思の疎通は、身ぶりで示すか。あるいは音声をともなうか。その音声から、ことばらしいものが生れるか。

父親は言語学者。愛児を犠牲にした言語発生の研究。記録的に書く。

これは小説にならなかった。言語学者である父親の目を通して、ことばのない世界で育ってゆく双生児が、「広い」と「大きい」をどう区別して表現するか、というようなことを書こうと思ったのだが、私自身に言語学の知識がとぼしいため、作品化にいたらなかった。はじめからＳＦということにしたら、あるいは書けたかもしれない。

原始の人類が、どのようにしてことばを使い出したのか。日本語の「赤い」が、英語ではなぜ「レッド」になっているのか。その原初の模様を知りたいという、いささか子どもっぽい興味は、いまだに捨てかねている。

○漢字は直線で構成されている。いっぽんの直線に、タテあるいはヨコの直線を加えるだけで、いろいろな文字を作り出すことができる。

一——十——土——王——田

遺書の中で、重要な意味をもつ漢字（たとえば人名）に、数本の線を加えることによって、その内容を一変させることができるではないか。数本の直線を書き加えるだけだから、全文を偽筆で記すより容易だし、疑われるおそれも少ない。

このヒントが、短篇『加えて、消した』（一九七一）の中心的なトリックとなった。

この作品はエラリー・クイーン篇の“*JAPANESE GOLDEN DOZEN*”に採用されて英訳されているが、さきごろ、これをドイツ語に訳して出版したいという申し出があった。ちなみに、英文のタイトルは“*Write In, Rub Out*”になっている。

漢字をトリックにしたこのような作品が、欧米の人に理解されたかどうか疑わしい。もっとも、クイーン篇の英訳本には、作品の終わりにイラストを入れて、ある漢字に数本の線を加えると、それがまったくべつの文字に変わるということを説明してはいたが——。

○軽井沢三笠。浄月庵跡。

自然石。表面に左横書きで「有島武郎終焉地」と刻む。背後に友人吹田順助の書。

その脇に武郎の弟有島生馬の文あり。

大正十二年六月九日朝暁
浄月庵ニテ滅
武郎行年四十六歳
波多野秋子三十歳
　昭和二十八年夏　有島生馬誌

情死が報道されたのは大正十二年七月八日。両者の死体は腐爛していた。

有島武郎が、婦人公論の記者波多野秋子と心中した夜、軽井沢は雨だったという。二人は、雨に濡れながら有島家の別荘浄月庵にたどり着いた。友人の足助《あすけ》素一に宛てた遺書の一節に「山荘の夜は一時を過ぎた。雨がひどく降っている。私達は長い路を歩いたので濡れそぼちながら最後のいとなみをしている」とある。

『異説・軽井沢心中』（一九七四）として発表。

○落語と推理小説の短編。似ている。とぼけた味。どちらにもオチがある。落語ミステリー。

あるいはミステリー落語。

会話の面白さをねらって書く。

こんなことも考えてみた。『狂った季節』（一九五四）の原型的ヒント。

この作品では、精神病院を開業したばかりの駆け出しの医者と、ある人物によって、患者に仕立てられた男との間にかわされるユーモラスな会話を中心にして、ストーリイを構成した。

だいぶ昔のことだが、私は連日のように寄席に通いつづけた時期があった。志《し》ん生《しょう》のファンで、彼の独演会だけは欠かしたことがなかった。この作品も、あの飄飄《ひょうひょう》とした語り口を思い出しながら、楽しんで書いた記憶がある。すこし手を入れたら、高座にかけることもできよう。

○郵便局からのお願い。どちらのご家庭にも郵便受けを設置してください。

町はずれにある一軒の家。新しく郵便受けを取りつける。老婆の一人暮し。郵便物など一通もこない。郵便受けを開ける必要がない日常。

ある人物が、これに目をつけて、この老婆の名前と住所を使って手紙を発送する。先方からの返事は、当然この老婆のもとへ届く。しかし、老婆はまったく無関心。ある人物は、配達される時間をみはからって、この郵便受けから先方の返書をとり出す。偽名による交信が自由に行なえる。

このヒントから『泥の文学碑』（一九七二）が生れた。他人の郵便受けを、自分の私書箱に使うという着想である。

○自殺者のそばに置かれていた遺書。

封筒には宛名が記されている。（たとえばＡ様へ）

しかし、その遺書を最初に発見するのがＡとは限らない。まったく別人の場合もある。この人物が遺書を持ち去ったらどうなるか。遺書の内容によっては、Ａを脅迫することもできる。

これは『風にヒラヒラ物語』（一九七五）として発表した。ある家を訪れた人物が、偶然、その家の主婦の自殺体を発見し、そこにあった遺書を持ち去る。夫のほうは、妻が自殺した理由がまったく判らない。遺書を手にいれた悪がしこい男の、ネチネチした脅しの手口が、中心的な興味になっている。

○目撃者

駅の雑踏。満員の電車。空港。多数の人間が集合し、行動しているけれど、彼等の目が、ある特定のものに注がれているとは思えぬ。無関心。
　群衆はゼロにひとしい。

これも何かの作品に使ったと思うが、いま思い出せない。ことによると、このヒントを少し変えて、群衆の中の殺人ということにしたかもしれない。

○あどけなくて、可憐で、純情そうな少女。
　その少女の中にかくされている女の魔性。
　中年の課長、その少女に惹かれる。
　サラリーマンの転落の構図。

ごくありきたりの思いつきだが、『孤独な殺人者』（一九五八）で、こういう少女を扱ってみた。もちろん、これだけの話では、あまりに平凡すぎる。この作品のねらいは、終末の部分にある。そこで読者をアッといわせるのが、短篇小説を書く楽しみでもある。

○目撃者は狂人だった。

ある殺人事件の現場に、ぼんやり立っていた男。この男が、ただ一人の目撃者であることは間違いないが、彼は精神分裂病の患者であった。

捜査官は、この患者にどう話しかけ、なにを聞き出すことができるか。患者の断片的なことばから、真相をさぐり出す方法があるか。

これはずいぶん考えてみたが小説にならなかった。

○親子以上に年齢の違う男のもとへ嫁いでゆくことを決意した女。

　七十歳に二十四、五歳？

先方の資産は数十億。青春と肉体の代償。女は、夫となる男の生存期間を三年ぐらいと想定している。（高血圧？　心臓病？）

夫の病気を誘発するためのあらゆる手段も効果なし。病死は期待できぬ。事故死を計画するがこれも失敗。

　あせる。

　夫はこの妻を愛している。

　夫の財産が目あてで結婚する女の話はめずらしくもないが、そんな単純な内容では推理小説にならない。平凡な話でも、そこにヒネリをきかせることによって、面白さが出てくる場合がある。

この作品では、夫の死期を早めようと、ひそかに画策する女よりも、夫のほうが、実は一枚うわ手の存在だったということにした。殺人は、完全な密室内で行なわれるが、同時に、犯人もまた、その密室に閉じこめられて脱出ができない、という皮肉なオチを考えてみた。

『ねじれた部屋』（一九六四）として発表。

○十二月。雑踏の中を歩きまわるサンタクロース。ひげ。頭巾。だぶだぶな服。
外見だけでは、男女の識別ができぬ。
最もリアルな変装方法。

あるスーパーのチラシに「サンタクロースのアルバイト募集」というのがあった。性別や年齢に関係なく、健康な人なら、どなたにでもできるやさしい仕事ですと記されていた。つまり、そのスーパーで、クリスマスプレゼントを買ってくれた客の家へ、サンタクロースの服装をした人物が、その品物を持参してくれるというわけだ。子どもの喜びそうなアイデアである。

たしかに、サンタクロースの服装をすれば、中の人物が男か女かの見分けも困難で、老若の判断もできにくい。すべて同じように見えるわけだ。推理小説の変装ものを、私は好まないが、これには現実性があると思った。

『傷だらけの街』（一九五五）のヒント。

○オーバーのポケットに穴。

見合いの場所で、ポケットの穴から質札《しちふだ》が落ちる。

破談になった男から聞いた話。

ちょっとしたミスが、犯罪発覚の端緒ともなる。ポケットの穴も、いのち取りになる場合があろう。

『穴の設計書』（一九六四）として発表。

○刑事と被疑者。取調室。

被疑者の口から、意外な事実が判明する。刑事にとっては不名誉な事実だ。（刑事の妻の不倫？　刑事の家族の犯罪？）

被疑者のことばを、刑事はそのまま調書に記せるか。

部屋には二人だけ。だれも聞いていない。刑事の心理と行動。

このヒントが『淫らな証人』（一九七〇）の中で使われている。

〇同一のトリック。あるいはトリックの類似性。早いもの勝ちか。流行作家と無名の新人。編集者の立場。

推理小説では、しばしばトリックの類似性が問題になる。本格派の作家にとって、これは共通の悩みでもある。内外の本格作品すべてに目を通すことなど不可能だから、どこかに、自分の考えたトリックと同じものが使われているかもしれないという危惧は、常にある。（現実に、こういう例は日本にもいくつかあった。私の使用したトリックを、べつの作家の作品で見かけた場合もある）

ある雑誌社の懸賞募集に応じて、無名の新人の作品が一位に入選した。同時に、かねて依頼していた有名作家の原稿が到着した。どちらも推理小説だが、作品の生命ともいえるトリックがまったく同一である。両者の作品を同時に発表することはできない。どちらを先にするか。いずれにしても、あとから発表された作者は、盗作の汚名を受けるであろう。雑誌社もまた、読者からの非難を甘受しなければならない。編集者はどうしたか。

トリックの一致は、単なる偶然である。だれにも悪意はない。しかし偶然が、往往にして、人間の悲劇を生み出すこともある。

『氷の椅子』（一九七二）の題名で発表した。

○ある中学校の教師から聞いた話。
運動会のあとの慰労会で、一人の青年教師が酔いつぶれ、眠りこんでしまった。同僚の教師たちが、そばにあったポスターカラーで、彼の顔を赤・青・白などで塗りつぶし、そのまま二次会へ出かける。

目が覚めたその教師は、彩色されたままの顔で帰宅。ドアを開けた瞬間、出迎えた細君が、アッと叫んでひっくり返った由。

その教師のことば。「うちの女房は妊娠していたんです。ことによれば流産したかもしれない。そうなりゃ、先生たちを傷害罪で訴えるつもりでした」

一瞬の驚愕。

隈取《くまどり》殺人事件？

話を聞いた直後に、これは書けそうだと思った。顔面を、赤や青などの色で塗りつぶしたというところが、歌舞伎の隈取を連想させた。それが、この話を芝居の世界に移したらどうか、という想像に結びついた。

『推理の花道』（一九五三）として発表。自分としては、比較的気にいっている作品になった。

○日光、華厳《けごん》の滝。

投身自殺をした藤村操は生きていた？（宮武外骨《みやたけがいこつ》・奇態流行史）単なる巷説《こうせつ》。仮に生きていたとすれば、恋もし、結婚もする。しかし、自分が藤村操であると相手に告げることはできぬ。

どのような人生を辿ったか。

有名になりすぎた人間の悲劇。

題名「曰《いわ》く不可解」

これは小説の題名を「曰く不可解」と決め、構想も殆どできあがっていたが、以下に述べるような理由で、その執筆を断念した。

明治三十六年（一九〇三）の五月、当時第一高等学校の学生だった藤村操が、華厳の滝に身を投じて死んだ。彼は、死の直前、かたわらの老樹の幹をけずって、「巌頭之感」と題した一文を残している。

《悠々たる哉《かな》天壌、遼々たる哉古今、五尺の小軀を以て此《この》大をはからんとす、ホレーショの哲学竟《つい》に何等のオーソリチーに価するものぞ、万有の真相は唯一言にして悉《つく》す、「曰く不可解」我この恨を懐《いだい》て煩悶終《つい》に死を決す、既に巌頭に立つに及んで胸中何等の不安あるなし、始めて知る、大いなる悲観は大いなる楽観に一致するを》

遺書というよりは、青年らしく客気《かっき》にみちた文章だが、これが当時の若もの達に受けたのである。中には、この全文を暗誦するものもいたという。さらに新聞が（たとえば『万朝報《よろずちょうほう》』）これを「青年哲学者の死」などと書きたてたために、多感な若い男女の人気をあおる結果になり、藤村操は現在でいうアイドル的存在となった。華厳の滝は自殺の名所となり、十数名の青年が、ここで自殺したといわれている。

彼は、自宅にも遺書を残していたらしいが、その内容は公表されていない。失恋による傷心自殺というのが、どうやら一般的な見方のようである。（文部大臣菊池大麓の娘松子に恋したが、彼女は美濃部達吉と結婚してしまった）

宮武外骨の『奇態流行史』では、この事件にふれて、「この藤村操は自殺したのではなく、東京に隠れていて、後年九段《くだん》で車力になり下っていたという妄説も行なわれた」と記している。

たしかに妄説であろう。しかし、これが私の作家的空想を刺戟したのである。「巌頭之感」からは、死を目前にした人間の悲歎や心痛はあまり読みとれない。むしろ、死と決別して新しい生に向かって歩み出そうとする青年の、颯爽とした意気ごみが感じられるような気がする。よし、この妄説を生かしてみよう。私はそう考えた。

藤村操は当時十八歳であった。生きていれば当然、恋もし、結婚もするであろう。しかし、その相手に、自分があの藤村操であると告げることはできない。あまりにも有名になりすぎた人間の不幸であり、悲劇でもある。彼はどのような人生行路を辿ったか――。作品にする場合の題名も、彼の残した文章から選んで「曰く不可解」と決めた。大体の構想ができあがったころの或る日、私の家を川島郁夫氏と鮎川哲也氏が訪れた。私たちは三人とも、旧『宝石』の懸賞入選をきっかけに世に出た間柄で、いわば親しい同期生であった。二人の訪問は、私を誘って近くの別所温泉に行き、一夜を語り明かそうという計画であった。

翌日。帰りのバスの中で、私は隣りに座った川島氏に、「いま、こんな作品を書こうと思っているんですが」と大体の構想を説明して、氏の見解を求めた。彼は、うなずきながら聞いていたが、ポツリとこう言ったのである。

「藤村操の遺族が、私の家の近くに住んでいるんですよ」

そのときは何気なく聞き流したが、両氏を上田の駅で見送って、自宅に戻ってから、そのことばが、もう一度私の耳によみがえってきた。藤村操に関する資料は、手に入る限り集めてスクラップブックに収めてある。早速、それを取り出してみた。たしかに、自殺した当時は、母と弟妹の四人暮しとなっている。叔父に当る那珂通世《なかみちよ》は、有名な歴史学者で、自殺の現場である日光へ即座に出向いて、事実を確認したのも、このひとであったといわれている。

藤村操には遺族がいた。これは間違いない。しかし、自殺者の家族というものは、できるだけ世間の目を避けて、ひっそりと暮しているのが普通である。まして、藤村操の場合は、当時のマスコミが大きく扱った事件である。彼の死を賛美するものもあれば、宮武外骨のように、自分の主宰する『滑稽新聞』に巌頭之感をもじった戯文をのせて、「既に巌頭に立つに先きだって、胸中衒気《げんき》の外あるなし。初めて知る。法螺《ほら》は大なる売名に一致するを」といった嘲笑をあびせているものもあった。遺族としては、悲しみと苦しみの日常であったと思う。

その遺族が、川島郁夫氏の家の近くに住んでいるという。それにしても、どうして川島さんが、そんなことを知っているのか。どうして川島さんが……そう考えてきて私はハッとした。川島郁夫というのはペンネームで、氏の本名が藤村正太であることに気がついたのだ。

旧『宝石』の懸賞に入選し、作家として出発した当初から、氏は川島郁夫というペンネームを用いていた。藤村正太の本名に戻ったのは、昭和三十八年（一九六三）『孤独なアスファルト』で江戸川乱歩賞を受賞してからである。私の家を訪問されたのは、受賞から間もないころで、私には「藤村さん」よりも、長い間なじんできた「川島さん」の印象が強かったのだ。

　自殺した藤村操は、一高の秀才といわれていたらしい。作家の藤村氏も、一高から東大を出た俊秀であった。

　藤村操。藤村正太。この両者には、なにかの関係があるのではないか。こういう疑問が、急速に私の中にひろがっていった。遺族ではあるまい。しかし縁者かもしれぬ。だからこそ、氏は藤村操の遺族の住んでいる家を知っていたのではないか。

　仮にそうだとすれば、私の作品の構想を聞いて、快く思う筈がない。しかし、藤村さんは「そんなものよせよ」とか、「あまり面白い作品になりそうもないな」などと言えるような人ではなかった。実に謙虚で、ひかえめな人柄であった。

「いまさら、藤村操の過去をあばきたてるようなことはしないでくれ。遺族のためにも、ソッとしておいてくれないか」

　こういう代わりに、氏は、いつものやさしい口調で、

「藤村操の遺族が、私の家の近くに住んでいるんですよ」

　と呟くように教えてくれたのではないか。平素の藤村さんの性格を知っているだけに、そのことばは、重たく私の胸にのしかかった。

しかし、一度はそれを確かめてみたい。そう思っているうちに、藤村さんは若くして亡くなられてしまった。氏の葬儀が行なわれた日、私は長い弔電を送ったが、そのときも、私はひそかに心の中で呼びかけていた。藤村さん、あの作品の執筆は、とうに断念していますからね……。私にとっては、遠く、なつかしい思い出である。

「創作メモの実際」の末尾に、あえて「小説に書けなかった小説の話」を添えておく。こういうことも、ときには起こるのである。

第五章　プロットを練る

1　プロットとはなにか

プロットということばは、一般に〝筋〟とか〝筋立て〟と訳されているが、演劇、とくに歌舞伎などでは〝趣向〟というのが普通である。

筋というと、筋書きやストーリイ（物語）と混同されやすいが、この両者には明確な区別がある。だから、誤解を避けるために、プロットは、構成、または組立てと訳したほうがよいと思う。

つまり、小説の骨組み、あるいは骨格を示すのがプロットであり、その骨組みに肉づけをし、化粧をして、美女や美男子に仕立て上げてゆく作業が、ストーリイ（物語）に当たるのだと考えればよい。

『印度への道』の作者として知られているフォースター（Edward Morgan Forster）が、一九二七年に「アスペクツ・オブ・ザ・ノベル」と題した小説論を発表している。本書は、

『小説の諸相』の題名で日本にも紹介されているが、いま、その一部を引用させていただくことにする（*Aspects of the Novel*　田中西二郎訳、新潮文庫）。

この本の中で、フォースターはプロットについてこう述べている。

> プロットを定義しましょう。我々はストーリイを、時間の序列によって整理された諸事件の叙述と定義しました。プロットもまた諸事件の叙述でありますが、重点は因果関係にあります。「王様がおかくれになり、それから王妃様がおかくれになりました」というのはストーリイです。「王様がおかくれになり、そして悲しみのあまり王妃様がおかくれになりました」というのはプロットです。時間の序列は保たれていますが、原因結果の気持がそこに影を投げています。また――「王妃様がおかくれになり、誰もそのわけを知りませんでしたが、やがてそれは王様の崩御をお悲しみになったためとわかりました」これは謎を含んだプロットで、高度の発展を可能とする形式です。

フォースターが、プロットについて述べているこの部分は、いろいろな小説作法書に引用されているが、これをもう少し判り易く説明してみよう。

小説において、ストーリイというのは、

だれが、
いつ、
どこで、
なにをしたか、
ということを、時間の経過に従って物語ることである。幼稚な読者ならば、それでじゅうぶん満足する。たとえば、子どもにお伽話をしてやると、彼等は必ず身をのり出すようにして、「それからどうなったの。そしてどうしたの」と、好奇心をあらわにして、お話のつづきを聞きたがる。

しかし、そういう子どもたちも、成長するにつれて、「それからどうなったの」というかわりに、「なぜ、そうなったの」という疑問を投げかけてくる。つまり、知的に成長したひとびとは、「それから」よりも「なぜ」という点に興味を示すようになる。それに答えるために、作者が、あらかじめ仕組んでおくのが、プロットだということになる。

単に、好奇心を満足させるだけのストーリイでは、読者を(特に推理小説の読者を)惹きつけることはできない。彼等の知的で思索的な興味を満足させるだけの工夫が、あらかじめ用意されていなければならないのだ。

これが、ストーリイとプロットとの、本質的な相違点である。フォースターが、プロットについて『原因結果の気持がそこに影を投げています』といい、またべつの所で『プロットは知性と記憶とをも要求しています』と述べているのも、ストーリイを作る前に、まずプロットを練ることが大切だと考えていたからであろう。

フォースターは、王と王妃の死という比喩を用いて、ストーリイとプロットの相違を説明しているが、これだけでは判りにくいと思われるので、もうすこし具体的に私流の解説をしてみたい。

まず、あなたの購入した宝くじで、三千万円というお金が手に入ったとしよう。

あなたは、その三千万円の使途をあれこれと考えた結果、思いきって現在住んでいる親ゆずりの古い家をこわして、その敷地内に家屋を新築することにした。そこで、あなたはどんな手順で、この仕事をすすめてゆけばいいのか。あなたは、机の前に腰を下ろして、さて、と鉛筆をとりあげ、机上に置かれた一枚の紙に、大体の計画を書きつけてみる。

①新築するためには、現在の家をこわさなければならない。その間、アパートかマンションを借りる必要がある。そのためにも、できるだけ工事期間を短縮しなければならぬ。工期は六カ月間としよう。

（これが、小説の場合は締切日ということになる）

②建物の広さをどうするか。敷地と建坪率《けんぺいりつ》の関係から、四十坪までの家は建てられるが、

手持ちの三千万円全額を投入することはできない。坪当り六十万円の木造家屋で、三十五坪の家なら二千百万円の工事費ということになる。家族構成からみても、このへんが妥当であろう。決定。建坪三十五坪。木造、一部二階建て。

（小説では、これが作品の枚数〈長さ〉ということになる）

③つぎに考えることは、この家を新築する意味についてだ。自分は、どういう目的で新築を思いたったのか。この家に、どんな性格を与え、どんな使い方をしたら、自分の思いがじゅうぶんに満たされるであろうか。単に、家族が寝起きするだけの家であってはならぬ。子どもたちは、いずれ独立して家を出る。それならば、自分と妻の余生をすごすにふさわしい家を造ろう。夏は涼しく冬は暖かに。年老いてからも、使いやすく安全性を考えたトイレ、浴室、台所の位置。夫婦共通の趣味である水彩画の制作に便利なアトリエも作ろう。老夫婦にとって、寝室がときには病室に変わることもあり得る。純日本間にするか、それとも一部は板敷にして、ベッドを入れやすいような工夫もしておくべきか。

要するに、この家のすみずみにまで、建築主である自分の希望、自分の意志、自分の思想が、脈脈として息づき、生かされているように施工されていなければならない。

（小説でいえば、これが作品のテーマということになる）

④ここでようやく家屋の設計に取組むことになる。三十五坪という定められた建坪の中で、必要な部屋の数と広さを計算してみる。それぞれの部屋の配置と浴室、トイレ、台所の位置を決定する。いわゆる間取図の作成だ。階段をどこに取付けるか。配管、電気、電話線の引込み口。照明器具、コンセントの取付個所。各部屋の開口部（窓）の位置。通風、採光を考慮する。

　要するに、建物本体の詳細な設計図を作成するわけだ。建築においては、これが最も重要な意味を持ってくる。不完全な設計図だと、工事中にいろいろと手直しが必要になり、無駄な費用と労力がかかることになる。しかも、できあがった家は、ぶざまで不便な安普請という結果になりかねない。

（小説では、この設計図に相当するものが、作品のプロットということになる）

⑤基本的な設計図が完成すれば、あとにくるのは外装と内装の問題である。屋根の形をどうするか。切妻《きりづま》か。寄棟《よせむね》か。入母屋《いりもや》、陸《ろく》屋根、方形《ほうぎょう》、片流れ……。外壁の材料や色の選択。そして内装。天井は竿縁《さおぶち》にするか。格《ごう》天井か。敷目板《しきめいた》天井、打上げ天井、目透し天井……。建具の選び方、カーテンの色柄、内壁の材料、その色調……。それらの一つ一つに、住む人の趣味と性格が表われる。ときには、訪れる客の目を楽しませ、思わず感嘆の声をあげさせるような工夫もしてみたい。設計には、遊び心も必要なのだ。堅牢な本体を、より優

雅に、より美しく見せるためのこまやかな気くばり。想像は、設計図の上に無限にひろがっていく……。

(ここが、小説でいえば、すでに作成したプロットを基本にして、楽しく面白いストーリイを展開してゆくということになる)

⑥さて、苦心の末に、ようやく一軒の家ができあがった。この家にふさわしい呼び名はないだろうか。夏目漱石は、早稲田南町にあった書斎を「漱石山房」と称した。谷崎潤一郎は、戦後京都南禅寺の近くに居をかまえたが、それを「潺湲《せんかん》亭」と呼び、永井荷風が麻布(現、港区)市兵衛町に建てた新居を「偏奇館」と名づけたことはよく知られている。

老夫婦が余生をすごす家は「老い楽荘」とでも呼ぶべきか、それとも、入口に一本の松を植えて、その生長に夫婦の思いをこめて「一松庵」と命名しようか。

(小説では、これが作品の題名ということになる。なお、題名のつけ方については、後の章で具体的に説明する)

2　プロットが作品の良否をきめる

私は、一篇の小説を完成させる過程を、一軒の家を新築する作業を例に説明してみた。

プロットは、小説の設計図である。同時に、これから展開しようとするストーリイ（物語）の指針でもある。プロットをおろそかにして、ロクな作品が書けるわけがない。

しかし、いわゆる純文芸を志す作家たち、特に自然主義の影響を強く受け、いまなおそれを信奉している作家たちの中には、プロットについて、ある種の偏見を抱いているひとも多いようだ。

つまり、作品のプロット（構成）を、最初から厳密に決めてしまうと、それが作者の自由をうばって、できあがった小説自体が、ひどく人為的な、いやらしいものになってしまう。小説というものは、大体のテーマが決まったら、あとは作者の感興がおもむくままに筆をすすめるべきである、というのだ。

丹羽文雄『小説作法』では、

> 私は、構成ということに、あらゆるものを托している。あれも書きたい、これも書きたいと、テーマを小説化する場合に作者のあたまに群がり生じる気合いを重視する。人物（性格、心理）事件（行為）時間と空間（環境）の三要素にテーマを割りつけたり、プロットの進行の常識的な形であるところの、発端、事件または性格の展開及び危機、クライマックス、大団円などと、プロットの形式的どおりに割りあて、それを規則的にまもるよりは、作者自身が書きたい情熱につかれていることの方を、重視し

たいのである。

と述べられているが、これは、初心者にとってはずいぶん判りにくい、そして誤解を招きやすい表現であると思う。さらに、

乱暴ないい方をすれば、これから小説を書こうとするひとは、小説の構成の常識的講座風の基本的な要素とか形式にこだわらない方がよろしい。（中略）それでは、おまえは、小説の筋書ということを全然否定をするのかといわれるだろう。ところが、筋書を私はみとめている。但し、それはあくまで構成の一部分にすぎないという条件でである。私は、筋書に大した重要性を見出してはいない。筋書の作成に作者は深入りしてはならないといいたい。筋書はいつでもとりかえられる程度の、仮りの形であるほうがよろしいといいたいのである。小説的な肉づけをしていくうちに、筋書をかえなければならない場合が、往々にしてある。そういうときには、どしどし変えたほうがよい。書くまえに、すでに頭の中に小説ができあがっているというやり方を私が否定するのも、書いていく内に、作者は何かを発見し、またはつまずき、気が変ることも極く自然であるからだ。（傍点筆者）

練達の士であり、純文芸の作家である丹羽氏としては、このやり方で、多くの作品をものしてこられたのであろう。

丹羽氏の文章には「構成」と「筋書」が、ときには同じように、また、ときには別個のもののように扱われているような気がする。それが、氏の論旨に一抹のあいまいさを残しているのではないか。

氏は、筋書そのものはみとめるが、『それはあくまで構成の一部分にすぎないという条件でである』としている。たとえ、構成の一部分であろうとも、それはプロット（構成）全体から無縁のものではない。だから、小説を書きすすめてゆくうちに、筋書を変えたくなったら『どしどし変えたほうがよい』というのは、構成そのものを、ときには変えてもよいということになる。

丹羽氏の『小説作法』は、推理小説に関するものでないことは明白だから、それをとやかくいうのは筋ちがいかもしれぬが、それが純文芸であっても、私はにわかに氏の意見に賛同できない。

プロット（構成）を、私は建物の設計図になぞらえた。仮に、家を作りはじめたひとが、ある日、ふと気が変わって、そこの柱は目ざわりだから一本抜いてくれとか、その壁の部分は、切り取って窓にしようなどと、基本的な設計をいじくりまわすようなことをしたら、安定性を欠いた危険な建物になってしまうこと必定である。

この点、大岡昇平『現代小説作法』が、推理小説について触れている部分は、氏自身が推理小説の実作を試みたこともあるだけに、判り易く、適確な意見を述べている。

> 作者は犯人が誰であるか、最初から知っているし、犯行の細部もあらかじめ考えてある。それを徐々に読者にわからせて行く、あるいはわざと読者を迷わすような被疑者を出したりひっこめたりしながら、最後の意外な解決によって、一挙に読者の好奇心と期待に満足を与える仕組になっています。
>
> こういう小説はあらかじめプロットが出来ていなくては、一行といえども書き下すわけに行かないのは明瞭です。（中略）
>
> 昔の山賊や海賊はアウト・ロウで、巣窟も人相もわかっている、それを征伐する兵力が、権力の側にあるかどうかという問題でしたが、現代では市民のほとんど全部が、犯人になる機会をもっています。毒薬は薬局で手に入るようになったから、婦人もたやすく人が殺せるようになった。
>
> 「誰が殺したか」は極めて推測困難な業《わざ》になったので、シャーロック・ホームズ以来おびただしい数の「謎解き」が考案されたのも当然ですが、一方読者の方も進歩して、建てつけの悪いプロットでは、すぐ見抜かれてしまいます。結末が先にわかってしまっては、探偵小説の興味はゼロでしょう。

こう記しているのは、たしかに的を射た見解であろう。

丹羽氏は、書く前に、すでに頭の中に小説ができあがっているというようなやり方を否定している。しかし、推理小説においては、最初の一行を書き出すとき、その作品の終末までが、作者の頭の中に明確に描かれていなければならない。その想像の作業を、具体的に書き留めておく。それがプロットを作るということである。

3　プロットの作り方

プロットの作り方（書き方）には、格別のきまりがあるわけではない。要するに、これから書こうとする小説の一覧表、あるいは詳細な目次を作るという気持で、自分の好みにあった方法を選べばよい。私の場合は、およそつぎのような内容を、一冊のノートに項目べつに書くことにしている。

1　最初に、作品のテーマを書いておく。

これは大切なことだ。小説の内容が、常にそのテーマから逸脱しないように、作者の内部にしっかりと植えつけておかなければならないからだ。

2　事件の概略を書く。

それが殺人事件であるならば、犯人、被害者、犯行の方法、事件の発生した場所、時期と日時、犯人と被害者の関係、犯行の動機などを項目べつに詳しく記しておく。特に犯行の手口が毒殺である場合は、毒薬の種類、その毒物の入手経路を、プロットの段階で決定しておく。一般人には手に入らないような青酸カリとかモルヒネを、安易に使っている作家もいるが、いかにも粗雑な作品だという気がする。

3　作品の中心的命題になる謎（あるいはトリック）について詳細に書いておく。

推理小説では、最も重要な部分になる。たとえば、犯人のアリバイ破りを謎の中心に据えた場合は、そのアリバイ工作の内容、さらにそのアリバイが、どのような方法、どのような論理で崩されるかということを、あらかじめ綿密に書きこんでおく。

4　主要な登場人物については、ひとりずつ、その人間像を克明に記してみる。

これは、〈2〉の項目に関連することだから、そこに書きこんでおいてもよいわけだが、私の場合は、登場人物の一覧表を作ることにしている。

姓名、年齢、出生地と成育地、学歴、職業、年収、趣味、容貌、体型、個性的な特長があればそれも記しておく。

もちろん、実際の作品では、これらの点をすべて書く必要はないけれど、作者の頭の中には、その人物の人間像が、鮮明に描かれていなければならない。そうでないと、その人物の服装や会話や動作が、場面ごとに別人のようにチグハグな印象を与えることになる。

芸大の出身で、子どもたちのピアノ教室を開いているような女性が、ある日、友人に誘われて入ったカラオケスナックで、あなたも一曲どうぞ、と差出されたマイクを手にして、いきなり都はるみの『あんこ椿は恋の花』を歌い出したりする。こんな場面に付き合わされる読者は不幸としか言いようがない。

短大を出て、会社づとめを始めたばかりの若いＯＬを主人公にした小説があった。彼女の恋人は、有能なルポライターで、取材のためヨーロッパへの旅に出るのだが、フランスの田舎町で急死する。死因は服毒自殺ということになっているが、彼女には、どうしてもその理由が理解できない。ことによると殺されたのではないか。若いＯＬは、恋人の死の謎を解くために、意を決して単身フランスに渡り、恋人が辿った足跡を追って、フランスの各地を転々と歩きまわる。

しかし、フランスでも、恋人の死の真相をたしかめることはできなかった。どうやら、恋人の郷里である北海道に住むある人物が、彼の死に深いかかわりがありそうだ。帰国した彼女は、その人物を求めて、更に北海道の各地を歩きまわるのである。

この作品は、中途まで読んで投げ出してしまった。主人公のＯＬは、美貌で聡明で明るい性格の女性だということになっていたが、とんでもない話である。

会社づとめを始めたばかりの彼女が、一週間も十日も会社を休んで、フランスへ出かけて行く。会社は、そんな勝手な行動を許したのか。無断欠勤か。

短大出の彼女が、フランス語に堪能だとは思えない。事実、彼女の語学の知識について、作者はひとことも触れていないのだ。それが、単身フランスへ出かけ、案内人も通訳もなしに、恋人の辿った足跡を求めて歩きまわっている。二十や二十一の若い娘にできることではあるまい。

彼女は、帰国すると、すぐに北海道に出かけている。どうやらこれも無断欠勤らしい。作者は、彼女がＯＬであることなど、すっかり忘れてしまっている。

フランスへ渡り、北海道を歩きまわる。その費用はどれくらいかかったのか。勤め始めたばかりの彼女の給料は、おそらく二十万円にはなるまい。多額の貯金があったとも思えない。費用は、どうやってまかなったのか。

作者は、このＯＬの人物像を、プロットの段階で明確にしておくべきだった。存在感も生活の匂いもない人間が、事件を追って歩きまわっただけのお話では、読者を納得させることはできない。

5　全体をいくつかの章にわけ、各章ごとに、場面を設定し、登場する人物を決め、状況の変化や、人物の行動を書きとめる。最終的には、これらの各章を合計したものが、全体のプロットになる。

テーマが決まり、作品の中心に据える謎やトリックについて考えている作者の頭の中には、ぼんやりとではあるけれど、ストーリイ〈物語〉が浮かんでくる。小説の全容が、おぼろげに描かれている筈である。

その漠然とした、想像の中のストーリイを、いくつかの場面にふり分けてみる。そうすると、これから書こうとする小説の内容が、具体的に明確な形となって現われてくる。

事件を伝える章。謎を強調する章。犯人は、何章の、どのあたりで登場させるか。謎を解くための手掛りを、どの章に、どんなふうに記しておくか……。

これらの作業が完結したとき、漠然と思い描いていたストーリイが、はっきりとした形となって現われてくる。設計図ができあがったのだ。作者は、すぐ筆をとって、第一行目を書き始めることもできる。

だが、私の場合は、この設計図を、つまり全体のプロットを長い間見つめている。そう、幾日も、幾十日もだ。

登場する人物は、この作品に適しているか。年齢、ことばづかい、動作などに不都合な点はないか。

謎の構成に不備な点はないか。意外性を強調するために、読者に対してアンフェアな書き方をしてはいないか。

局面の変化は自然になっているか。無理なこじつけはないか。

論理の一貫性は保たれているか。読者が抱くであろう不審点や疑問点に対して、作品の中に、その解答が書かれているか。さりげなく、しかも充分に……。

私はこの『推理小説作法』のはじめのほうに「私自身、自分の作品を書きながら、必ず自分の作品の〝アラさがし〟をやってきた。できるだけ意地の悪い読者の目になって、作品のすみずみまで、意地の悪い読み方をする。長い時間をかけて、それだけの作業をしてきたつもりである」と記しておいた。プロットを作る際も、またそれができあがったときも、同じように長い時間をかけて検討する。

時間は、とぼしい才能の持ち主にとって、唯一の味方である。読者の中に、これから推理小説を書いてみようと思うひとがいたら、私は心からあなたに切望する。どうか時間をかけてほしい。その結果、あなたの生涯に、ただ一作しか書けなかったとしても、それでいいではないか。

その作品が、推理小説史上に燦然と輝く、不滅の光芒を放つほどのものであるならば。

第六章　ストーリイについて

1　話のすすめ方

ストーリイとは、ある事件、またある人物を、時間の進行の中でとらえ、刻刻に変化してゆくその様子を物語ることである。それも、できるだけ面白く、しかも興味深く物語ることである。小説の場合は、その物語を文章で表現するわけだ。

こう書けば、いかにも簡単なようだが、そこに語り手の苦心がある。

どんなふうに話をすすめたらいいのか。どう書いたら、読者の興味をつなぎとめることができるか。特に長篇の場合は、始めから終わりまで、常に緊張の連続というわけにはいかない。推理小説に、サスペンスや驚きは必要だが、そういうものも、あまり頻繁に出てくると、作為が目立ちすぎて効果がなくなってしまう。

ストーリイの展開は、川の流れにたとえることができよう。深山に源を発した細流が、水音もかすかに谷間を這って、あるいは淀み、あるいはべつの細流と合して一すじの川となり、紆余曲折の流れが、ときには岩を嚙み、ときには急湍《きゅうたん》となって断崖を落下し、幾すじかの支流を加えながら蕩蕩たる大河となって、母なる海を目ざして流れてゆく——。

小説のストーリイも、このような経過を辿りながら、全篇のクライマックスに向かって物語がすすめられてゆくのである。

もっとも、これは主として長篇の場合であって、短篇では、いささか事情を異《こと》にする。

もともと短篇小説というものは、戯曲でいえば一幕物に相当する。あまりに複雑な内容や、多すぎる登場人物を扱った戯曲は、観客の目を混乱させるだけで、劇的効果のとぼしい舞台になってしまう。人生の一断面をとらえて、その最も高潮した場面で幕を下ろすのが、一幕物の魅力である。短篇小説のストーリイにも、その作劇法は参考になろう。

特に推理小説の短篇は、幕切れの効果に、最大限の工夫をこらす必要がある。

川端康成『小説の研究』の中に、短篇小説について触れた次のような文章がある。

西洋での短篇小説というのは、長篇が作家の本格の仕事であると目されているだけに、片手間の仕事であり、奇道であり、読物ですらあるという風に解釈されている。チェーホフやモオパッサンやポオのように短篇で立派な仕事を残した人は、むしろ作家として特殊な行きかたであり、どちらかと言えば第二流に扱われやすい。そして、こういうすぐれた作家の書いた短篇というもの以外の、新聞雑誌に現われる短篇は、どうしても「落ち」のある物語である。この「落ち」があるという性格は西洋の短篇では切りはなされぬ特色となっている。チェーホフの仕事などは、この落ちに煩わされず、短篇の本道を行ったものとして、むしろ格外れであるとすら言えるほどであろう。

短篇小説における「落ち」について、丹羽文雄『小説作法』でも、同じような意見が述べられている。

太宰治の短篇には、落語的な分子があった。話のオチがあった。（中略）私はそうしたオチを意識的に排斥してきた。チエホフには、それがなかった。私がチエホフにひかれたのも、そうした点も好きだったのかも知れない。或る小説研究書によると、このオチは一概に排斥すべきものでなく、むしろこのオチをいかに近代的意義において救済するかということが問題だと書いている。いかに近代的意義で救済されようともオチであることがなくなるわけではない。私は排斥する。オチである限り、小乗的な意味で安住することになる。

川端、丹羽の両氏が、短篇小説の「落ち」について、否定的な見解を述べているのは無理もない。しかし、「アメリカのモオパッサン」といわれ、三百篇あまりの短篇を発表したが、生涯に長篇は一つも書かなかったO・ヘンリーのような作家もいる。彼の作品の大部分は、結末に「落ち」が用意されている。だからといって、O・ヘンリーの短篇が、小説として低俗で文学的価値のないものだと断ずることはできない。わずか二、三十枚程度の作品にも、しみじみとした人情の機微が描かれ、奇抜な着想と、読者の意表をつく終末の「落ち」が、卑俗なくすぐりに終わることなく、ほのぼのとした笑いや孤独の想いが読むひとの心に伝わってくる。そこには、人間の心理を知りつくした作者の「芸」がきらめいているからである。

いわゆる純文芸の作家が、「落ち」のある作品を排撃するのは、一種の偏見にすぎないと私は思っている。西欧に起きた自然主義の文芸思想は、明治時代の後半にわが国にも輸入紹介されたわけだが、その思想の洗礼を受けた人たちの中から、「私小説」といわれるようなわが国独特の小説形式が生れた。こうした作品は、作家自身の生活、自分や家族の身辺に起きた雑事を、写実的に描くことだけに終始している。小説としての面白さ、あるいは物語性といったものは、いささかも考慮していない。だから、作家たちは、小説としての構成や造型にとらわれることなく、ただ感興のおもむくままに筆をすすめていったのである。そして、そういう作品こそが、純粋の芸術であり、文学であると考えられてきたのである。

しかし、推理小説は、既に述べたように、こうした小説とは異質の、一個独立した文芸なのだ。面白さや物語性を捨てることはできない。特に短編においては、その面白さを、短い枚数の中に凝縮して読者に示さなければならない。効果的な「落ち」が、短編においては主要な働きをすることになる。

私自身、短篇を書く場合には、プロットの段階から、終末の「落ち」について工夫をこらし、それが読者に与える効果を計算しながらストーリイを考えてきた。

私のいう「落ち」とは、落語の「オチ」や「下《さ》げ」のたぐいとは違う。だから、駄ジャレや語呂合わせを作品の結びにもってきて、読者の笑いを誘おうというような手法をいっているわけではない。

はじめは、さりげない口調で、ある事件の謎や、ある人物のミステリアスな行動が語られる。読者としては、その謎や人間像に興味を抱いて読みすすむわけだが、そのとき、読者の心の中には、漠然と、この話はこんなふうに終わるんじゃないか、という予想なり想像があると思う。しかし、結末の最後の数行で、作者は、読者の予測をうらぎる意外な場面を現出させてみせる。あッと読者は声をのむ。鮮やかな「どんでん返し」に、一発逆転のホームランに接したような爽快感を味わうことになるわけだ。

ここに短篇推理小説の楽しさがある。結末の意外性！　フィルムの陰画《ネガ》が、一転して陽《ポ》画《ジ》に変わる瞬間にも似た驚き。仮に、読者が予想した通りに話が終わってしまったら、そうした驚きや感動はない。

これが、私のいう「落ち」である。ストーリイを考える際には、結末の効果をじゅうぶんに計算する必要がある。推理小説、特に短編においては、「落ち」を排斥する理由は少しもない。

2　起承転結について

ストーリイを組立てるために、もっとも一般的な方法として、起承転結（起承転合ともいう）を説くひとがいる。小説作法書にもしばしば出てくることばであるから、これについて若干の説明をしておきたい。

起承転結というのは、漢詩で四句を並べて一編の詩（絶句という）を作る際に、四つの句をどう並べるかという、その配列の方法を示したことばである。

即ち、まず「起」の句では、全体の詩思、あるいは作者の詩想を述べる。

つぎに、「承」の句では、この詩想を受けて、自分の想いをさらに述べる。

「転」の句では、この詩想に変化を与えるために、作者の目をべつの方向に一転する。

そして「結」の句において、全体の詩思なり詩想を綜合して、読むひとの心に感動を与えようとするわけだ。

たとえば、頼山陽が、川中島の合戦を詠じた次の詩は、人によく知られているので、これを参考にしてみよう。

起……鞭声粛々夜過河（鞭声《べんせい》粛々夜河をわたる）
承……暁見千兵擁大牙（暁に見る千兵の大牙を擁するを）
転……遺恨十年磨一剣（遺恨十年、一剣を磨き）
結……流星光底逸長蛇（流星光底長蛇を逸す）

川中島の戦は、上杉謙信、武田信玄という両雄が、戦国波乱のさなかに激突した劇的な合戦であるが、山陽の詩は、主として謙信の胸中を詠じたものと見ることができる。

永禄四年（一五六一）の九月、謙信の軍は長野市の南方、妻女山に陣を敷いた。眼下に千曲川を一望することができる地点だ。信玄のほうは、そのちかくにある海津城に入って、機の熟するのを待っていた。九月九日の夜、信玄は海津城に一部の兵を残して、妻女山を攻めると見せかけながら、本隊は千曲川を渡った八幡原に集結させ、ここで上杉軍を要撃しようと企てた。物見の兵の報告により、このことを察知した謙信は、闇にまぎれて山を下り、一挙に敵の本陣を粉砕しようと、千曲川に向かって駒をすすめた。

頼山陽の詩は、この開戦直前の緊迫した光景からはじまっている。

（起……夜の闇の中を、馬に当てる鞭の音さえしのばせて、粛々と駒をすすめ、上杉の軍勢が、いま千曲川を渡ってゆく……）

この光景につづいて、夜明けの光の中に遠望した敵陣の様子がうたわれる。

（承……ほの白い朝の光の中に、敵の本陣を示す旗〈大牙〉が、風を受けて翩翻《へんぽん》とひるがえっている。それをかこむようにして、多数の兵士たちが群がっている。敵陣はいま目の前にある……）

ここで作者の詩想は一転して、この合戦に自らの命運をかけた謙信の胸のうちを想像している。

（転……思えばこの十余年間、いくたびかの死闘をくりかえしてきた。武田を倒せ。武田を討つべし。その想いをこめて、自分は、わが愛刀を磨き、今日の、このときを待っていたのだ……）

こうして、詩は最終の一行で、壮烈な合戦の模様を描き出す。上杉軍は、敵の本陣に突撃した。疾駆《しっく》する軍馬のとどろき。将兵の怒号がとびかい、もうもうたる砂煙の中に死体が散乱している。その渦巻く激闘の中で、敵将信玄の姿をみとめた謙信は、単騎、太刀《たち》をふりかざして一騎討ちを挑んだ。このとき、謙信は三回斬りつけたが、信玄は軍配でそれを受けとめ、あとで見たところ七つの傷あとがあったといわれているが、これは俗説であろう。八幡原に建っている「三太刀七太刀之碑」は、この話をもとにして作られたものである。

　ともあれ、この一戦は、上杉方の敗北に終わった。その無念の想いが、「結」の句の詩意となって、全体をしめくくっている。

（結……大刀一閃、その流星にも似た刀の切先《きっさき》を、相手は見事にかわした。おれの獲物、あの憎むべき男を、おれは遂に取り逃がしてしまったのだ。荒涼とした戦場を去って行く武将は、いま、無念の想いを噛みしめている……）

　起承転結を、頼山陽の詩で説明してみたが、その山陽自身が、漢詩ではなく、俗歌を作って、起承転結を判りやすく説明している。出典は明らかでないが、新潮社『日本文学大辞典』の記事によると、その俗歌とは次のようなものである。

起……大阪本町糸屋の娘
承……姉が十六、妹が十四
転……諸国諸大名は弓矢で殺す
結……糸屋の娘は目で殺す

　起承転結の粋な説明として、参考までに引用したが、この手法は、現代詩はもちろん、あらゆる文芸作品、さらには結婚式などにおけるスピーチにまで応用されているようだ。

気のきいたスピーチは、たいてい起承転結の順で語られている。

推理小説のストーリイも、この形式によって進められているものが多い。書きやすいし、無難な方法ともいえる。

起……事件の発生。

承……捜査が開始される。

転……捜査が進むにつれて、意外な事実がつぎつぎに判明し、事件の謎がふかまってゆく。

結……しかし、犯人が仕組んだ巧妙な犯行方法も、名探偵の推理によって突き崩され、事件の真相が明らかになる。

多くの推理小説は、このような順序に従ってストーリイが進められてゆくが、必ずしも、その型式にこだわる必要はない。ときには、「結」に当たる部分をストーリイの最初にもってきて、逆の順序に話をすすめることもできよう。

同じような内容のストーリイでも、話し方によって、まったく違った印象を与えることができる。ごく平凡な話が、作り方によっては、ひどく新鮮で魅力的なストーリイに変化する。

私はこれを「叙述のテクニック」と呼んでいる。古来、名作といわれているような推理小説には、この「叙述のテクニック」から生れたものが多い。次の項では、いくつかの作品を例にあげて、その点を具体的に説明してみたい。

３　叙述のテクニック

まず、アガサ・クリスティの『アクロイド殺害事件』（一九二六）を取り上げてみる。この作品は、一部の人々からの非難はあるものの、推理小説史上に特異の地位をしめる問題作であるという点では、大方の意見は一致していると思う。私もまた、これをクリスティの作品の中では、最もすぐれたものであると見ている。

この作品は、キングズ・アボットという平和な農村に発生した殺人事件について、村の住人であり、ただひとりの開業医でもあるシェパードが、自分の見た通りのことを読者に伝えるという、つまりシェパード自身の手記という形でストーリイが構成されている。

事件の語り手はシェパード医師である。彼は、事件発生前の村の様子、被害者の人柄、自分との交友関係はもちろん、事件の発生した夜の自分の行動、死体発見の模様、さらには捜査に乗り出してきた名探偵ポアロの調査方法にいたるまで、克明に正確に記している。読者としては、当然、この医師が第三者の立場で、事件の全容を語っているものだと信じて読み進む。

しかし、作品の終末にきて、探偵ポアロが指摘する犯人は、手記の本人シェパード医師そのひとであり、彼もまた、手記の末尾に「弁明」の章を設けて、自分の犯行を物語るというストーリイである。

記述者が犯人だった！

この大胆不敵ともいえる離れ業が、読者を驚倒させたのだ。

これが、私のいう「叙述のテクニック」である。話の内容は、いたって平凡なものだ。使われているトリックも、録音機を使って被害者の声をきかせ、実際の犯行時刻より三十分ほど後まで被害者が生きていたようにみせかけて、自分のアリバイを作るという、まことに他愛のないものである。にもかかわらず『アクロイド殺害事件』は、世界の推理小説の中で高い位置を占めている。それは、クリスティが創出した「叙述のテクニック」に、多くの読者が共感と感嘆の声を惜しまないという事実の証明でもある。

もっとも、この作品に対する不満がないわけではない。それは、ストーリイの進め方がアンフェアだということだ。

たしかにこの作品では、手記の本人が、当然書かなければならない数行の文章が、意図的に省略されている。それは、犯人の医師が、被害者のアクロイドと対談中、そばにあった短刀で、いきなり相手を刺殺したこと、その直後に、被害者の声を吹き込んだ録音機を、人目につかぬ場所に置き、三十分後に機械が動き出すようにタイムスイッチを取り付けたこと、さらに、死体発見現場に駆け付けた医師が、持参した診療鞄の中に、録音機をかくしてしまったことの三点である。

一部のひとは、この点を指して、フェアプレイの精神に欠けていると論難する。しかし、その三点を書いてしまったら、もともと、この小説は成立しないのである。フェアか。アンフェアか。イギリスの女流作家ドロシー・L・セイヤーズは、「探偵小説の本質と技巧」（一九二八）の中で、クリスティを弁護して、つぎのように述べている。

> 　この作品の解決が正当なものでないとする批評家もいる。しかしこうした意見は、うまく一杯くわされた時に自然に抱く腹立たしさを物語るにすぎない、とは言えまいか。必要なデータは全部与えられている。読者は、もし頭が鋭ければ、犯人を言い当てることができる筈であって、これ以上のことは注文できない。結局、読者はたえず注意力を集中して、完全なる探偵と同じように「すべての人物」に疑いをかけてみることをしなくてはならないのである。（鈴木幸夫編訳『殺人芸術』所収）

叙述のテクニックを、じゅうぶんに活用したと思われる作品には、コーネル・ウールリッチの『黒衣の花嫁』（一九四八）、さらにアイラ・レヴィンの『死の接吻』（一九五三）、クリスティの『そして誰もいなくなった』(一九三九)など、枚挙にいとまがない。

いずれも、ストーリィの進め方に工夫をこらすことによって、平凡な話が、読者の驚きを誘い、異様なサスペンスの世界に案内してくれることになる。

叙述のテクニックを語るためには、「倒叙推理小説」にも触れないわけにはいかない。

ポオの『モルグ街の殺人』以後、おびただしい数の探偵小説が現われた。それを、かりに古典的探偵小説と呼ぶならば、これらの作品のねらい、あるいは興味の中心は、「犯人はだれか」という点におかれていた。同時に、その犯行が、常識的には不可能と思われるような状況の中で行なわれた、ということを強調して、読者の興味を誘うことに、作者は苦心したのである(例えば密室殺人)。

犯人の謎。犯行の不可能性。この二つが、古典的探偵小説には、欠くことのできない要素であった。

探偵小説の、こうした常套的手法を、根底からくつがえしたのが、オースチン・フリーマンの『歌う白骨』(一九一二)である。

この作品は、構成的に見れば前段と後段の二部に分かれている。即ち、前段では犯人側の立場から、その犯罪を遂行したすべての経過を描く。後段では、捜査する側の推理を述べるという仕組みになっている。つまり、犯罪篇と推理篇の二部構成である。従来の推理小説が、最後まで犯人をかくしてストーリィを進めたのに対して、『歌う白骨』では、最初に犯人が登場する。その犯人が練り上げた完全犯罪の計画が、どのように崩されてゆくかという点に、読者の興味をつなごうとした。叙述の方法を逆転させたのである。

倒叙推理小説――これもまた、創始者フリーマンの叙述のテクニックから生れた。技法の勝利である。倒叙ものでは、はじめから犯人の謎は捨てている。犯行のトリックも読者は知っている。動機も明白であり、ときにはサスペンスまで犠牲にされている。一種の変法である。

では、倒叙ものに、どんな利点があるのか。

それは、犯人の人間像を、作者が心ゆくまで描くことができるという点にある。通常の推理小説では、犯人をかくすことに作者は汲汲《きゅうきゅう》として、犯人の性格とか心理の内面にまで筆をすすめることができない。作品の中で、最も重要な人物である犯人の、人間としての真実の姿は、作品の終わりまで触れることも語ることもできないのだ。これでは、犯人という名のロボットではないか。謎やトリックの興味のために、作者が作り出した操り人形ではないか。

前出のドロシー・L・セイヤーズ「探偵小説の本質と技巧」の中に、つぎのような一節がある。

> 探偵小説は文学的に最高のレベルを達成していないし、またそれは不可能なことでもあろう。激怒や嫉妬や復讐心の最もすさまじい絶望的な結果を扱いながら、人間感情の頂点や深淵にふれることはめったにない。それはただ、既成の事実を我々の前に提示し、死も重傷も冷静な目で眺めるにすぎない。決して我々の前に殺人者の内部の心の動きを描いて見せることがない――描いてはならないのだ。殺人者の名は最後のところまで隠しておかなくてはならないのだから。（中略）
>
> オースチン・フリーマンはこの三つ（註・旧来の探偵小説では、誰が、どんな方法で、なぜ、の三つに力点がおかれていたことを指している）を全部拒否した探偵小説という新分野を開いた。まず犯罪物語を書いてしまって、その後の興味は捜査者の巧みな方法に従ってゆくところから来る楽しみにもっぱら頼るのである。「歌う白骨」には、このタイプの短編がいくつか出ている。フリーマンの後を継ぐものはなく、またこの方式を放棄してしまったのは惜しいことである。

セイヤーズは、「フリーマンの後を継ぐものはなく」と記しているが、その後、フランシス・アイルズ『殺意』（一九三一）、リチャード・ハル『伯母殺人事件』（一九三四）、F・W・クロフツ『クロイドン発12時30分』（一九三四）、江戸川乱歩『心理試験』（一九二五）など、倒叙推理小説の名作が続出していることは、ご存じの通りである。

いずれにしても、『歌う白骨』という倒叙推理小説は、叙述の技法から生れた。謎の興味に主点をおいたパズル小説から、人間を描くことのできる推理小説への道をひらいたのである。創始者フリーマンの名を忘れることはできない。

4　『不安な産声』の実験

ここで自作の『不安な産声』（一九八九）を取り上げることにした。この作品も、倒叙推理小説ではあるが、ストーリイの進め方について、私の全作品中、もっとも苦心したものであり、私の持っている小説技法のすべてを、この一作に投入したからである。叙述のテクニックを語る際に、私はどうしてもこの作品を除外することはできない。

未読の方のために、ストーリイの内容を詳しく説明することは避けるが、要するに一人の医科大学教授が、ある女性を殺害し、逮捕されてから真相を明らかにするまでの顛末を物語ったものである。

私は四十年余り推理小説を書きつづけてきたが、そのほとんどが、いわゆる本格ものであるために、セイヤーズのいうように「激怒や嫉妬や復讐心の最もすさまじい絶望的な結果を扱いながら、人間感情の頂点や深淵にふれることはめったにない」作品ばかりを書いてきた。ただ一つの例外ともいえるのが『妻に捧げる犯罪』（一九七二）であった。

これも倒叙形式でストーリイを進めたので、犯人の人間性や、犯行の動機などは、かなり書きこむことができた。しかし、後半の捜査の段階で、犯人を追いつめるための推理や論理が不十分で、私自身が満足できない仕上がりになっている。作者としては、不満の残る作品であった。

『不安な産声』は、倒叙推理小説に対する、私の再度の挑戦であった。人は笑うであろうが、そのときの私は、フリーマンやアイルズやクロフツに、あえて戦いを挑む戦士の心境であった。

従来の倒叙ものと、同じ手法で書いたのでは、彼等を超えることはできない。倒叙作品という同じ土俵で、彼等と勝負するためには、彼等の知らなかった新しい技を考えださなければならぬ。

呻吟《しんぎん》の日がつづいた。しかし、その長い懊悩《おうのう》の果てに、ようやく一つの方法に思い当たった。いわば、新しい技を発見したのである。

それは、従来の倒叙小説の技法はそのまま踏襲しながら、なおかつ、捜査する側にも解き難い謎を、小説の最後まで残そうということであった。いわば、全く新しいタイプの倒叙推理小説の創造である。ストーリイの進め方、つまり叙述のテクニックによって、それは可能であろうと考えたのだ。

『不安な産声』は、こうして生れたが、作品の良否は、読者の判断による。しかし、このような手法で書かれた小説は、世界にも前例がないと思う。少なくとも、倒叙推理小説の歴史に、新しい一ページを加えたという事実だけは、大方の読者には認めて頂けるものと思っている。

なお、この作品は、書簡体小説の手法を用いた。外国の文芸作品には、手紙形式の小説が多いが（モンテスキュー「ペルシア人への手紙」、ルソー「新エロイーズ」、バルザック「二人の若妻の手記」、モンテルラン「若き娘たち」など）、日本には、この種の作品がきわめて少ない。石川達三氏は、好んで書簡体小説を書いた作家だと思うが、それでも私の知る限りでは、『誰の為の女』『悪女の手記』『泥にまみれて』の三作ぐらいしかない。

推理小説においても、わずかな短篇をのぞけば、書簡体の作品はあまり見かけない。長篇では絶無といえるだろう。

日本に書簡体小説の少ない理由の一つとして、ことばの問題がある。手紙である以上、どうしても「……です」「……であります」といった表現になる。特に、目上の人に対しては敬語を用いるという厄介な習慣がある。「彼はこう言った」と書くところを、「あのひとはこう申しておりました」というように表現しなければならない。「寒い朝だった」が、「寒い朝でございました」となる。文章が間延びしてしまうわけだ。

推理小説、とりわけハードボイルドとか、サスペンスものを書く場合、こんな調子の文体では、読者も退屈して付き合いかねるということになる。作家が、書簡体小説を書こうとしないのも、そのためである。

しかし、私は『不安な産声』六百枚を、この困難な書簡体で押し通すことにした。そのためには、私の知る限りの小説技法を取り入れる必要があった。それがどんなものであるかは、あの作品の読者なら判って頂けるものと思う。

新しいタイプの倒叙推理小説。誰も書かなかった書簡体長篇推理小説。『不安な産声』は、この困難な仕事を、叙述のテクニックによって完成しようとした、私の実験の記録でもある。

繰り返して言う。推理小説の面白さは、話し方にある。つまり叙述の方法によっては、平凡な話を新鮮で魅力あるものに一変させることができるのだ。

叙述のテクニックを軽視してはならない。

第七章　実作篇「三幕の喜劇」

前章までに、私は推理小説の本質、発想の方法、さらにテーマ、プロットの作成、ストーリイのすすめかたなど、いわば推理小説作法の総論ともいうべき事柄について、自分の経験や主張をまじえながら述べてきた。

これらの点を、もうすこし具体的に説明するために、自作の短篇『三幕の喜劇』（一九七一）を取りあげることにした。すでにお読みになった方もあろうと思うが、これはテキストだと考えて、もういちど目を通していただきたい。ひとの作品について、あれこれと言及するのは、なにかと差支えもあろうが、自作ならその心配はない。作品の成立過程やその内容については、作者自身が説明したり解説するのが無難であり妥当でもあろう。

小説を書き始めたころ、私は作品の題名をどうするかで悩んだり、登場人物の名前のつけ方にも、ずいぶん気をつかって、あれかこれかと迷ったりしたものだ。いろいろな小説作法書を読んでみたが、こういう簡単なことがらについては、ほとんど記されていなかった。この実作篇では、それらの問題も取りあげてみたい。

どんなふうに書き出したらいいのか。これは既成作家にとっても、毎回頭をなやますことである。特に短篇の場合は、最初の一、二ページで読者の心をつかまなければならない。

書き出しと同様に、小説の結びも重要である。作者の説明で、ストーリィを締めくくるか。それとも、登場人物の行動や会話を書くことによって、読者の理解と共感を得られるようにすべきか。

新人の懸賞応募作品などを見ると、句点や読点の付け方がでたらめであったり、改行もせずに、だらだらと書き流していたりして、いかにも読みにくい感じのものがある。そうかと思うと、短いセンテンスごとに行をかえた作品もある。一行が五字か六字で、原稿用紙の上のほうに、パラパラと文字が散らばっている。改行の意味をまったく理解していないひとの文章である。

いずれも初歩的なことだが、作家を志すひとにとっては、なおざりにできない大切な問題であろう。この実作篇では、そういった事柄についても、できるだけ説明したいと考えている。つまり、前六章までの総論に対して、実作篇は各論ということになる。

なお、テキストとして『三幕の喜劇』を選んだのは、これが、私の全作品の中で特にすぐれたものであると自賛しているからではない。短篇として、ここに掲出するのに適当な長さであること（四十五枚）、登場人物が少ないこと、内容が三つの場面から構成されているので、各場面のねらいが判りやすく、いわば教材的な性格をもっているなどの理由によって、これを使ってみようと考えたわけだ。『三幕の喜劇』を書き出す前に、作者はなにを考えていたか。それはつぎの二点である。

〔この作品のねらい〕

長篇の場合は、作品の中に、作者の思想が一貫して流れている。その小説を書こうとした動機、あるいは書かずにはいられないという作者の情熱をかきたてた目的意識が存在する。それが、作品のテーマになっているはずである。

しかし短篇に関しては、テーマというよりも、その作品のねらい、つまりその作品の興味の中心をどこにおくか、ということをまず考える。短篇というのは、四百字詰の原稿用紙で、三、四十枚から六十枚ぐらいの長さであるから、あまり大きなテーマを設定すると、ストーリイがテーマに振りまわされて、すっきりと仕上げることがむずかしくなる。

短い枚数の中で、その作品の中心的なポイントはなにか、ということを作者自身が初めからしっかりと決めておくほうがよい。たとえば、結末の意外性をねらった作品にするか、それとも奇抜なトリックに焦点を置くか、あるいは読者が想像もしないような変わった犯行の動機を作り出すか、といったように、小説の中心的興味を一点に絞って、そのねらいが効果的に活かされるようなストーリイを組立てる。推理小説の短篇を、私はこのような方法で書いてきた。『三幕の喜劇』では、すこしばかり風変わりな脅迫者と、狡猾でユーモラスな脅迫の手口を書いてみたいと思った。つまり、それが作品のねらいであった。

脅迫という行為には、暴力や陰険な悪意がともなっている。力で脅すか、先方の弱味につけこむか、どちらかの方法で、金を要求したり、不正行為を行なわせたりする。つまり脅迫者のほうが、脅される側よりも、常に有利な立場で事を行なうわけだ。こういう一般的なありふれた脅迫者を書いても、面白い作品にはなるまい。私はそう考えたのである。『三幕の喜劇』では、気の弱そうな老人が登場する。年老いた女房と二人で、民生委員の世話を受けながら、細細と暮している老人。もとは旅まわりの劇団阪東《ばんどう》あやめ一座で、女形をつとめたこともあるが、いまは見るかげもなく老いぼれて、金もなければ力もない。老人ホームに入れてもらうことだけを、終生の念願としている老人が、標的として選んだある女性に、どんな手口で近より、どのような手段で脅迫を行なったのか。これが作品の興味の中心になっている。

〔構成について〕

この作品は、題名が示すように、三つの場面に分かれている。だからストーリイも「序・破・急」という、三段階の形式で構成されている。

「序・破・急」とは、もともと音楽や舞踊を演ずる際に、その進行方法を三つの段階に区分したことから出たことばである。つまり、序はゆっくりと、破はやや早めに、急はもっとも早い調子で終わらせる、というような意味をもっている。能楽では、この「序・破・急」が、脚本構成上の区分にもなっている。

ストーリィの進め方、あるいは作り方については、「起承転結」という方法があることは、すでに述べた通りである。序・破・急もこれと同じで、序が導入の部分、破が展開の部分、急が終結の部分ということになる。起承転結に当てはめれば、起承が「序」、転が「破」、結が「急」ということになろう。『三幕の喜劇』では、第一幕が「序」、第二幕が「破」、第三幕が「急」に相当する。

読者は、だいたい以上のようなことを念頭において、実際の作品に目を通していただきたい。

なお、第一幕、つまり「序」の部分で、作者は、主人公（脅迫者）である老人を、どんなふうに登場させ、その人物像を、どのように描写しているか。

さらに、昔は旅役者の女形だったという老人の過去を、読むひとにもさりげなく伝える一つの方法として、会話などの部分に、作者はどんな配慮と工夫をしているか。こういった点にまで、気をつけてお読みいただくことが、この作品をテキストとして掲出した作者の意図であり、希望でもある。

第一幕

1

その男は、ゴムの半長靴をひきずるようにして、凍《い》てついた朝の街を歩いて来た。うすよごれたオーバーのポケットに片手を入れ、もう一方の手には、小さな風呂敷づつみをさげている。首にまきつけた布きれを、マフラーと見る向きもあろうが、どうやらこれも色のあせた風呂敷のようであった。

男は絶えず水洟《みずっぱな》をすすりあげながら歩いていた。本通りの商店街から、ジングル・ベルの曲が、風にのって流れてくる。男は、その音に追いたてられるように、猫背の体をいっそう丸くしながら、警察署に通じる坂の道をのぼっていった。

竹早《たけはや》警察署は、この坂の中途にある。コンクリートの二階建てだが、屋上に作られた望楼にのぼると、県内ではいちばん小さい竹早市の中心部が、ひと目で俯瞰《ふかん》できるようになっていた。

男は、建物の前までくると、くわえていた煙草を、つぼと一緒に吐き捨てた。それから大きく深呼吸をすると、決心したように、正面のポーチに向って歩いた。

男が入口のドアに手をかけた瞬間、それが中から開いて、出てきた若い巡査のがっしりとした肩口のあたりへ、かがみこんだ男の頭が、モロにぶつかった。

「おっと、失礼」

巡査は、びっくりしたように声をかけた。

「いいえ、どういたしまして」

男は二、三歩よろめいたが、ようやく体をたてなおすと、ひどく改まった口調で、

「たいへんぶしつけなことをお訊ねいたしますが、捜査主任さんはいらっしゃいますでしょうか」

と相手の顔をのぞきこんだ。

「いますよ」

巡査はチラッと中をふり返って言った。

「では、お取次ぎ願えませんでしょうか」

「主任に面会ですね」

「はい」

「用件はなんですか」

「それが、ちょっとここでは……つまり、その、なんでございますが……ある事件に

つきまして、ぜひ主任さんに……」

男は、しわの深い顔に媚《こ》びるような笑いを浮べた。

「ふーむ」

巡査はちょっと考えこんでいたが、

「じゃ、こっちへ来てください」

と男をうながすようにして歩き出した。

「ありがとう存じます」

男は、ジュラルミンの楯《たて》よりも固そうな巡査の背中へ一礼すると、水洟をすりあげながら、そのあとにつづいた。

竹早署には二つの取調室がある。二号室と呼ばれるほうが、面会人の応接間を兼ねていた。小さな建物を、機能的に使うための、やむを得ない処置であった。

男はその二号室に案内された。

2

「わたしに用事があるってのは、あんたかね？」

竹早署の捜査主任は、せかせかした足どりで部屋に入ってくると、あわてて立上がろうとした男を「どうぞ」と手で制して、向い合った椅子に腰をおろした。

「お早うございます」

男は鄭重《ていちょう》に頭をさげた。

「それで、用件は？　なにか、事件についてお話があるということだが」

「さようでございます。実は、わたくし、ふとしたできごころからひとさまのお宅へ盗みに入りましたが……やはり、悪事は心を苦しめます。落ちついて眠ることもできません。いっそ自首して、お裁きを受けようと、ようやく決心がつきましたので、本日……」

「なるほど」

主任は満足そうにうなずいた。

「それはよかった。話してしまえば心が晴れる。よし、ちょっと待ってくれ」

主任は調書を作るための用箋を、机の引き出しから取り出して、万年筆のキャップをはずした。その間に、主任の頭の中には、調書の末尾に記す文句が、早くもできあがっていたのである。

（本人は、悔悛《かいしゅん》の情《じょう》おさえがたく、その罪状を告白するために出頭し、特に本職に面会を求め上記の供述を行なったものである……）

「さ、話してもらおうか。名前は？」

「あの――本名でございましょうか」

「当り前だ。偽名を聞いたって仕方がないだろう」

「いいえ、本名と芸名の二つがございますので」

「へーえ。じいさんも、舞台に出ていたことがあるのか」

「はい。芸名が阪東歌之助《うたのすけ》。いまから二十年ほど前までは、阪東あやめ一座の立女形《たておやま》でございました」

「ひとは見かけによらないというが、じいさんが女形とはねえ――」

「これでも、地方の舞台に立ちますと、おなじみのお客さまから、後家殺しッ、と声がかかったものでございます」

「分ったよ。さ、本名だ」

「田川万造《たがわまんぞう》でございます」

「年齢は？」

「おはずかしい」

「はずかしいってことはないだろう。いくつだ」

「それが、ひのえ午《うま》でございまして……」

「関係ねえだろう、そんなことは。何年、何月、何日生まれ。はっきりと言う」

「明治三十九年一月十八日の生まれ。満で六十四歳になりました」

「職業は？」

「無職でございます。家内と二人暮しで、ただいまは民生委員のご厄介になっております」

「役者をやめたら、とたんに食えなくなったというわけか」

「いいえ、ご当地で一座が解散しましたときは、まだ働ける体でございました。市内にある牛乳販売所に雇っていただきまして、つい五、六年前までは、なんとか暮してまいりましたが、あれはきつい仕事でございます。もう、無理がききません。しかも、あなた、家内が病気になりました。病名が、子宮ナントカ炎という……いや、おどろきました。六十のばあさんに、まだ子宮なんてものがあったのか、あそこはもう、ただのガランドウになっているはずだがと、本人でさえ不思議に思うほどの色っぽい病気にとりつかれまして……」

主任は、うんざりしたように万年筆を放り出した。こんなことまで供述調書に書けるわけがない。

「とにかく、その盗みに入った一件を話してみろ」

「はい。それをお話にまいりましたので」

もと女形だったという田川万造は、前歯の欠けた唇をすぼめるようにして言った。

3

一昨日の夜である。

田川万造は、市役所の裏手にあたる宮川町の通りを歩いていた。時刻は十時をすぎていた。

この辺が、竹早市では住宅街ということになっている。まばらな街灯が、寝しずまった家の屋根や生垣へ、淡い光を投げていた。

(もうすぐ、正月だな)

万造はそんなことを考えながら、肩をすくめるようにして歩いていった。

その夜、彼は民生委員の自宅を訪問したのである。竹早市に一つだけある老人ホームに夫婦で入所したい、というのが万造の長い間の念願であった。申込みはしてあるのだが、順番がまわってこないのだ。

「裏口入所というわけにはいきませんか」

と市役所の厚生課でネバってみたが、

「大学じゃないからな」

と先方は相手にしてくれなかった。それに竹早市では、六十五歳以上にならなければ入所資格が得られないという。もっとも、六十四歳の万造は、年が明ければ有資格者だが、女房の松江《まつえ》は五十九だ。万造にとっては、これが悩みのたねであった。

その夜、民生委員の自宅を訪問したのも、この点について、うまく計らってもらいたいという目的があったからだ。

「むずかしいな。奥さんが若すぎる」

と民生委員は言った。

「若いことはございません。顔のほうは、りっぱに六十五歳で通ります。体でいえば七十歳とも七十五歳とも……」

「無茶だよ。戸籍というものにきちんと書いてあるんだから……」

「ですから、その戸籍のほうを、適当にご訂正いただきまして、なんとか……」

万造は手をついて頼んだが、民生委員は苦笑しながら首をふった。

(若い女房なんか、もらわなけりゃよかったんだ)

民生委員の家を出ると、万造は天を仰いで歎息した。若いといったところで、自分とはたった五つ違いだ。

「三つ違いの兄《あに》さんと、いうて暮しているうちに、か」

昔のセリフが、思わず口をついて出た。

(あのころはよかったなあ)

旅まわりだが、どこの町や村へ行っても、酒と女には不自由しなかった。芝居がハネると、きまって女からの呼び出しがあった。あぶらぎって、こってりした未亡人が、自分の行く先に、いつでも一人や二人は待っていたものだ。

（よう、後家殺しッ。大統領！）

（わだす、あんたにもうメロメロにされちまっただから……当分、ここにいでくれ、なあ歌さん）

（にくいねえ、まだそんなことするの。ねえ、もうだめ、もっと……いや！）

畜生メ。夢だ。みんな昔の夢なんだ。

万造は、吹き抜けて行く師走の風のつめたさに、首をすくめて呟いた。

と、その時だ。

右手にある低い板塀にかこまれた家の入口の格子戸が、半分ほど開いているのを万造は見た。

（深井《ふかい》さんの家だな）

牛乳配達をしたことのある万造は、この辺の地理にくわしい。たしかこの家にも牛乳を届けた記憶があった。

（無用心な家だ）

万造は立止った。明りが消えているところを見ると、戸締りを忘れて寝込んでしまったらしい。年の暮れである。これじゃ物騒だと万造は考えた。

　しかし、物騒だと考えたとき、彼自身が物騒な人間になりかかっていた、といえる。もっとも、それは結果論であって、そのときの心理を正しく説明したことにはならない。

　彼は、声をかけて注意してやるつもりであった。あるいは、開いている戸を締めてやろう、という程度の気持であった。しかし、万造が格子戸の前に立った瞬間、彼の体は吸いこまれるように、玄関の中へしのび込んでいたのである。

　土間に立つと、万造は息をのんだ。正面にある二枚の襖は、一部に小障子《こしょうじ》をはめ込んだ中抜き襖で、そこから流れてくるわずかな明りが、左右に伸びている廊下を、ぼんやりと映し出していた。

（あれが居間だ。豆電球がついている）

　家族が二人だけであることを万造は知っていた。つまり、夫婦だけの家なのだ。

（よく眠っているな）

　このときでさえ、万造は自分の行動の意味を正確には理解できなかった。初心者である。どうしていいか見当もつかない。ゴム長靴は、無意識に脱ぎすてていたが、磨きこんだ廊下へ這い上がると、こわばった体の動きがとまった。彼は、つめたい板の上に這いつくばったまま、泣き出したいような気持になっていた。

そのとき、ドシンという物音がして、目の前の襖になにかがぶつかった。同時に、部屋の中で人の動く気配を万造は感じた。

（起きているんだ）

万造はふるえあがった。見つかったら、刑務所へ入らなければならない。入りたいのは老人ホームだ。

逃げよう、と思った。両手と膝がしらに力を入れて、彼は後ずさりに廊下を這った。片方の足を、ようやく土間に下ろしたとき、不意に小障子から明るい光が流れた。だれかが電灯をつけたのだ。同時に、女の声がした。

（もうだめだ）

万造は目をつむった。血の凍るような一瞬だった。

脱ぎすてたゴム長靴を、どうやってつかんだのかよく覚えていない。とにかく、それを取りあげた瞬間、彼は跣《はだし》で玄関からとび出していた。通りを横ぎって、すぐ前にある小路《こうじ》へ走りこんだ。夢中だった。市役所の近くまできたとき、万造はようやく立止った。息が切れて、走れなくなったのだ。

荒い呼吸をしずめながら、持っていた長靴を地面に置いた。そのとき、万造は片手に、しっかりとつかんでいた別の品物に気がついたのである。

4

田川万造は、そこまで話し終ると、捜査主任の前に、小さな風呂敷づつみを差し出した。

「つまり、あのとき、わたくしの手にふれましたものを、とっさに持ち出していたのでございます。大それたことをいたしました。これが、その盗品でございます」

「なんだい、それは」

「ごらん下さいまし」

万造は風呂敷を開いた。現われたのは、男ものの黒い一足の皮靴であった。

「ふーむ。靴か――」

「あのお宅さまのものでございます。盗みましたのは、このわたくし。その夜も昨晩も、罪のおそろしさに、マンジリともいたしませんでした。自首の決心がつきましたのは、今朝のことでございます。この上は、いさぎよくお調べを受け、たとえ極刑を科せられましても、長い牢獄生活の明け暮れに、汚れた心を洗いおとしてまいるつもりでございます」

「じいさん」

と主任は苦笑しながら言った。

「話が時代がかっているよ。古靴一足を持ち逃げしたくらいで、極刑はないだろう」

「しかし、盗みに変りはございません」

「そりゃそうだが、たかが古靴を……」

「たかが、とおっしゃいますが、これでもレッキとした盗品でございます。それとも主任さんは、石川五右衛門や、ネズミ小僧のような大泥棒の肩を持って、わたしのようなケチな盗人《ぬすっと》は相手にしないとおっしゃいますので？」

「そんなことを言っちゃいない。ただ、おれはその手にはのらないと言ってるんだ」

「どういうことでございましょう」

「とぼけるなよ。古靴一足じゃ、検察庁送りにゃならない。それを承知の上で、一日か二日、警察のオマンマにありつこうと考えたんじゃないのか。三食無料で、留置場という結構なホテル暮しだ。年の瀬になると、そういうお客さまが、ちょいちょいあるんだよ」

「お情けない。なんということを！」

田川万造は気色《けしき》ばんで、主任をにらみつけるようにして言った。

「主任さん、竹早警察署は、自首してまいった罪人を、おからかいになるんでございますか。よろしゅうございます。こうなったら、わたくし、検察庁なり法務大臣に自首いたします。盗みをいたしましたものが、黙って突き放されましては、ほかの泥棒に顔むけができません。出るところへ出まして、泥棒であるという身の証《あか》しを、きっとたててごらんにいれます」

「ふーむ」

　主任はあきれたように、相手のよく動く口もとを見つめていた。この男は、泥棒であるという身の証しをたてたいという。旅役者のなれの果てらしく、話すことばがセリフめいて、なんとなく大げさに感じられるが、まったく嘘を言っているとも思えない。いずれにしても、この程度の犯罪では、送検する意味がない。

　しかし、説諭処分ですませるにしても、形式的には調書を作る必要がある。本人が、盗品を持参して、自首しているからだ。

　万造の話によって、彼が忍び込んだ家は判明している。宮川町にある深井昭一《しょういち》の家だ。あの辺に、深井姓は一軒だけで、板塀をめぐらしてあること、すぐ前に、市役所へ通じる小路がある点など、万造の自供に間違いはないと思われた。

　深井昭一は、生活協同組合の理事をしていた。前回の市議選では、当選した白木《しらき》派の選挙参謀をつとめ、違反容疑で取調べを受けたこともある。家宅捜索には、主任も立会っていた。髪の毛を栗色に染めた三十五、六の女房と、二人暮しの家庭であった。玄関内部の模様や間取りの工合も、万造の話と一致していた。

被害者が判明している以上、先方に無断で田川万造を釈放するわけにもいくまい。

「よし、わかったよ」

主任は立上がって、皮肉な口調で言った。

「これから先方に連絡する。盗品を確認してもらったら、あとはじいさんのご希望どおりだ。死刑にでも無期懲役にでもしてやるからな」

万造の顔に、はじめてホッとしたような表情が浮んだ。

「ありがとう存じます。年末ご多忙の際に、おさわがせして申しわけございません」

万造は、ふかぶかと頭を下げた。

「第一幕」了

〔題名について〕

作品の第一幕、「序・破・急」という構成上の区分でいえば「序」の部分が終わったところで、二、三の説明をしておきたい。

まず、題名についてである。小説の題名というものは、生まれてきたわが子につける名前のようなものだと私は考えている。子どもは、親がつけた名前を背負って生きてゆく。小説もまた、作者がつけた題名で呼ばれ、作者とともに生きてゆくことになる。それが名作であれば、作者が死んだ後まで、その題名は生きつづけ、独り歩きをしてゆくのである。

私達は、ある人物の名前を聞いただけで、ああ、あのひとか、とその人物の容姿を思い浮かべることが多い。小説もそれと同じで、題名を聞いただけで、ああ、あの作品か、とその内容が浮かんでくるようなものでありたい。

いま、「××殺人事件」という題名の作品が氾濫している。

もともと、推理小説の題名に「殺人」ということばを使ったのは、ポオの『モルグ街の殺人』からで、その後ヴァン・ダインが最初の長篇『ベンスン殺人事件』（一九二六）を発表し、さらに『カナリヤ殺人事件』『グリーン家殺人事件』『僧正殺人事件』など、自作十二篇のすべてを「殺人事件《マーダー・ケース》」という題名で統一したために、「○○殺人事件」は、推理小説の世界に定着したといってもよい。

日本では、ヴァン・ダインの『ベンスン殺人事件』に先立って、松本泰『P丘の殺人事件』（一九二三）があり、江戸川乱歩『D坂の殺人事件』（一九二五）が発表されている。以後、浜尾四郎『鉄鎖殺人事件』（一九三三）、甲賀三郎『体温計殺人事件』（一九三三）、小栗虫太郎『黒死館殺人事件』（一九三四）とつづくが、戦後になって、横溝正史『本陣殺人事件』（一九四六）が出たことによって、この「殺人事件」というタイトルは、世人の目に強く印象づけられたのである。

その翌年には、坂口安吾『不連続殺人事件』が、さらに一年後に高木彬光『刺青殺人事件』が発表され、これらの作品が、密度の濃い本格推理長篇であり、多くの読者に歓迎されたことから、題名の「殺人事件」も、推理小説ファンには魅惑的な好ましい文字として映ったのである。

しかし、最近のように「○○殺人事件」が続出すると、もう沢山だという気がする。文字やことばに、もっとも敏感で、潔癖であるべき作家が、こんな手あかによごれた文字を、自分の血肉をわけた、いわば我が子ともいえる作品の題名に選ぶ理由が私には理解できない。特に多産系の作家は、何十人、何百人もの我が子を産むわけだが、愛児の名前が揃って「殺人事件」では、我が子と他人の子どもを取り違えることになりはしないか。読者のほうも混乱して、名前を聞いただけでは、その子の顔が浮かんでこない。

クロフツの『樽』*The Cask* は一字だけだが、作品の内容にふさわしい、どっしりと腰のすわった見事な題名である。こういう個性的で、長く記憶に残るような題名を選びたいものだ。

島崎藤村に『春』という作品があり、山本有三にも『波』と題した作品がある。どちらも一字の題名だが、印象はまことに薄い。両作とも新聞の連載小説である。意地の悪い見方をすれば、両氏とも執筆を約束した時点で、作品の構想がまとまっていなかったのではないか。百五十回なり二百回の連載中、ストーリイが、どんなふうに変わってゆくのか作者自身にも見当がつかない。とりあえず「春」とか「波」にしておけば、どんな内容の作品になっても大丈夫だ。こんな気持でつけられた題名のような気がしてならない。

しかし、推理小説は、構成の段階で、綿密な設計図が描かれているのだから、ストーリイがどう変化してもいいような題名をつけるべきではない。「雲」だの「河」といった題名が推理小説にないのは当然である。

「なになにと、なになにと、なになに」というような、ひどく長い題名を好んで用いる作家もいる。井上靖『死と恋と波と』『風と雲と砦』とか、谷崎潤一郎『猫と庄造と二人のをんな』というように三つのことばを「と」でつないでいる。

井上作品など、題名の下の「砦」ということばが記憶に残っても、上のほうに、なにとなにがあったのか思い出せないというひともいる。また、『死と恋と波と』が、『恋と死と波と』になってしまったりする。こういう題名を選んだ作者には、それなりの意見や主張があったと思うが、推理小説では、この種の題名は避けたほうが無難であろう。

『娯楽としての殺人』の著者ハワード・ヘイクラフトは、題名についてつぎのような意見を述べている。

> 題名はその本の本質の主調音を伝えていなければならない。同様に、それは効果をねらいすぎたどぎついものでないほうがよい。ちかごろの作家や出版社によって敢行された派手すぎる題は、たいてい売れゆきをそこなっている。その結果、たとえば〝死はドーナッツを浸す〟とか〝人工のヘソをもった死体〟などという不自然なばかばかしさは、さいわい姿を消しはじめた。ともかく、現在流行の題名のタイプを、すぐれた作品や作家について、とくに研究することをお奨めする。平凡さをまねてもまず得るところはない。（林峻一郎訳）

作家によっては、作品を書き上げてしまってから、題名を考えるというひともあり、最初に題名を決めてしまうというひともいる。私などは、原稿用紙の一枚目に、まず題名を記さないと、最初の一行目がどうしても書き出せない。つまり題名がきまらないと、筆をとる気にならないほうで、これは一種の習慣、あるいは癖のようなものであるから、どちらがいいとか悪いとかいうことはできない。ただ、題名が決定していると、ストーリイの展開が、ある程度その題名によって限定されるということになる。

私の場合、一つの作品に五つか六つの題名を考える。『三幕の喜劇』は比較的簡単に思いついたものである。それは、主人公に選んだ老人の前身を、旅役者の女形というふうに設定した当初から、題名にも芝居に関することばを使いたいと考えていたからだ。四十五枚の作品を、三つの場面で構成しているので、まず三幕ということばを思いついた。同時にクリスティの作品『三幕の悲劇』が脳裡をかすめた。私の作品も、結末で殺人が行なわれることになっているが、同じ題名では気がひける。私の場合は、話をユーモラスにすすめようと考えていたので、「悲劇」のかわりに「喜劇」という、これも演劇に関係のあることばを使うことにして、『三幕の喜劇』という題名ができあがった。

作品の中心的なトリックを題名の中にさりげなく入れておく場合もある。つまり、題名それ自体が、謎を解くキーワードになっているというわけだ。私の作品でいえば『影の告発』や『針の誘い』『危険な童話』がそれに当る。たとえば『影の告発』では、犯人のアリバイトリックが、写真に写っている影によって見破られることになり、さらに作品全体に濃い影を落している一少女の存在が、犯行の動機になっている。また『危険な童話』では、各章の冒頭に置かれている童話が、犯人のトリックとして、どのような働きをしているかを、読者は物語の結末部分で知ることになる。母親はこの童話を、幼いわが子に語りつづけることによって、後日の殺人事件に、自らに有利な状況を作り出し、捜査陣の追及からのがれようとした。それが世にも『危険な童話』だったというわけだ。

題名の中に、トリックを見破るキーワードを入れて読者に挑戦する。本格ものの作家には、こういう稚気があってもいいではないか。遊び心を題名に生かした例である。

作品のテーマ（ハワード・ヘイクラフトのいう〝その本の本質の主調音〟）を題名にしたのが『不安な産声』である。当時の創作ノートを見ると、最初に決めた題名は「Dの悲劇」となっている。人工授精の問題が、この作品の主調音であるから、それにふさわしい題名を選ぼうと思った。人工授精は、A・I・Dと呼ばれているが、このDは精子の提供者つまりドナーの略称である。作品の主調音は、人工授精という医学技術が生み出した人間のドラマであるから、「Dの悲劇」という題名は、作品の内容にマッチしたものだと考え、私自身が気に入って選んだものであった。もちろん、このときも私の頭の中には、クイーンの『Yの悲劇』『Xの悲劇』などの題名が揺曳《ようえい》していた。

ところが、それから間もなく、夏樹静子さんが『Wの悲劇』の連載を始めたということを知ったのである。夏樹さんとは旧知の間柄だが、連載を開始したばかりの彼女に、Wがなにを意味しているのかとお訊ねするわけにもいかない。私はいさぎよく「Dの悲劇」をあきらめることにした。そして、べつに考えてあったいくつかの題名の中から『不安な産声』を選んだのである。

丹羽文雄氏は、題名というものは、ごはんの炊き方のようにむずかしい、しょっ中おなじ条件のもとに炊きながら、一日としておなじようには炊けない、と述べたあとで、つぎのように記している。

> 私は、時々、こうも考える。アラビヤンナイト第一話、第二話というように、総括的な題名の下に、第一話、第二話とするのが、いちばん素直ではないか。例えば、都会物語第一話、田園物語第一話というふうにすれば、作者は、題名に頭をなやますことはない。近代資本主義のおかげで、小説家は昔々の作家が夢にも知らなかった苦労をしていることになった。小説を書くことも、題名に苦労するということも、近代の産物である。私が小説の題名についての経験を書くということが、すでに資本主義に翻弄されている証拠であり、いっそ、丹羽文雄第八一三番小説ということにでもなれば、気は楽である。

もちろん、これは冗談であろう。もっとも、この意見をうのみにして、土屋隆夫作「殺人物語第三一六番」だの、又尾比良久作「ポルノふうミステリー第四五二番小説」などが並んでいる書店の中を、作品番号記憶装置（バンピューター）を片手に、うろつきまわっている読者の姿を想像することは、必ずしも不愉快ではない。

〔書き出しについて〕

小説をどんなふうに書き出すか。この最初の一行に、多くの作家は苦労する。私なども書き出しの一行に、二日も三日もついやすことがある。特に短篇の場合は、この一行によって、作品の出来、不出来が決まってしまうといっても過言ではない。いわば、作品の運命が、最初の一行にかかっているのだ。小説は、読まれるために書く。だからこそ、まず読者の目を捉え、つぎの行へ、さらにはつぎのページへと、読者の興味を誘い、心をひきつけて行く工夫が必要になってくるわけだ。

では、どんな書き出しが効果的かということになるが、それは作品の内容にもよることであるから、具体的に説明することはむずかしい。一例として、堀辰雄『かげろうの日記』（一九三七）の書き出しを掲げてみる。

> 半生も既に過ぎてしまって、もはやこの世に何のなす事もなく生きながらえている自分だが、――一たい顔かたちだって人並でないし、これと云った才能もあるわけではないのだから、こんな風にはかない暮しをしているのも尤もの事だとは思うものの、只こうやってぼんやりと明かし暮しているがままに、世の中に多い物語などをおりお

り取り上げて、その端などを読んで見ると、ずいぶん有り触れた空言さえ書いてあるようだから、自分の並々ならぬ身の上を日記につけて見たら、そんなものよりも反って珍らしがってくれる人もあるかもしれない。

『かげろうの日記』は、日本の古典をなぞって書いたもので、堀辰雄氏の作品の中では、王朝ものといわれているが、古典の文体をまねた息の長いセンテンスで、一息に書き流した二百五十字の文章が、一語一語、ことばを紡ぐように織りなされている。読者もまた、ひとつひとつのことばを惜しむように読みつづけて行くのである。これは、古典に材を得た作品であるから、その内容にふさわしい書き出しだといえるであろう。

しかし、べつの作品では、文体も一変して、書き出しのセンテンスも、短い歯切れのいい表現が使われている。つぎに掲げるのは『聖家族』（一九三〇）の最初の部分だが、『かげろうの日記』の書き出しと読みくらべてみると、同一の作者の手になったものとは思えないほどの相違がある。作品の内容やねらいによって、書き出し方も違うことが理解できよう。

死があたかも一つの季節を開いたかのようだった。

死人の家への道には、自動車の混雑が次第に増加して行った。そしてそれは、その道幅が狭いために、各々の車は動いている間よりも、停止している間の方が長いくらいにまでなっていた。

小説の書き出しは、できるだけ短い文章を重ねてゆくほうがよい。長い文章の書き出しは、特別の場合をのぞいては避けるようにしたい。印象が稀薄になったり、内容が不鮮明になったりするからだ。長い文章を短く区切って、それを重ね合わせるように綴ってゆくほうが賢明である。特に、自分の文体ができあがっていない初心者にとって、長い文章は禁物である。だらだらとした書き出しは、それだけで読者の気持ちを苛立たせる。

ここで、何人かの推理作家の作品を取り上げて、書き出しの部分をみることにする。

「あの泥棒が羨《うらや》ましい」二人のあいだにこんな言葉がかわされるほど、そのころは窮迫《きゅうはく》していた。場末の貧弱な下駄屋の二階の、ただひと間しかない六畳に、一閑張《いっかんば》りの破れ机を二つならべて、松村武《たけし》とこの私とが、変な空想ばかりたくましくして、ゴロゴロしていたころのお話である。もうなにもかも行き詰まってしまって、動きの取れなかった二人は、ちょうどそのころ世間を騒がせていた、大泥棒の巧みなやり口を羨むような、さもしい心持になっていた。

——江戸川乱歩『二銭銅貨』（一九二三）

大正十二年（一九二三）、雑誌『新青年』に発表されたこの作品によって、日本の探偵小説は夜明けのときを迎えたことになる。本篇に登場する人物は二人だけだが、その二人の生活環境が、書き出しの数行で語られている。一読して忘れ難い印象を与える見事な語り口である。

　備中《びっちゅう》笠岡《かさおか》から南へ七里、瀬戸内海のほぼなかほど、そこはちょうど岡山県と広島県と香川県の、三つの県の境にあたっているが、そこに周囲二里ばかりの小島があり、その名を獄門島とよぶ。

　獄門島。——

　このいまわしい名の由来については、昔から郷土史家のあいだに、いろいろと説があるようだが、そのなかで、いちばん妥当と信じられているのは、元来、この島は北門島とよぶのが正しいという説である。そして北門島という名の由来については、つぎのような考証があげられている。

——横溝正史『獄門島』（一九四八）

事件と深いかかわりのある土地の人情や風俗、あるいは、その土地にまつわる伝説などが、ストーリイの背景に必要な場合には、こういう書き出しになる。横溝氏の作品には、これと似た手法で書き出しているものが多い（『本陣殺人事件』『病院坂の首縊《くく》りの家』など）。

つまり、歴史的な、あるいは地理的な描写から本文に入って行くやり方である。推理小説ばかりでなく、一般の文芸作品にも、この手の書き出しが使われているが、これは長篇向きの方法であって、短篇の場合は、むしろ避けたほうがいいと思う。

世に刺青《いれずみ》の美を知る人は少ない。ひそかに肌に秘められた命を刻む芸術の真価に心をうたれる人の数はけっして多くはない。

――高木彬光『刺青殺人事件』（一九四八）

作者の主観（あるいは意見）をまじえた説明的な書き出しである。夏目漱石の『草枕』も、

「山路を登りながら、こう考えた。
智に働けば角《かど》が立つ。情に棹《さお》させば流される。意地を通せば窮屈だ。兎角《とかく》に人の世は住みにくい」

という書き出しだが、これも漱石自身の意見であって、漱石の意見に同調できない人は、

いかにも押しつけがましい文章だと感じる場合もあろう。しかし、この高木作品の場合は、この書き出しにつづいて、刺青に対する綿密な考証が語られ、刺青という、一般人にはあまり知られていない特殊な美の世界、肌にきざまれた多彩な紋様がかもし出す、針と墨の芸術について、作者は情熱をこめて話をすすめて行く。刺青が、作中の殺人事件に大きな役割を果たしているだけに、この書き出しは、読者の心を捉えて放さない。説明的な書き出しは、失敗することも多いが、高木作品では、この書き出しが見事な効果をあげている。

この事件の発端となった千九百四十九年十二月十日は、朝からどんよりとうす曇ってひどくうっとうしい日であった。だが後から考えてみると、この重くるしい天気こそ、事件の性格を端的に象徴していたように思われるのである。まことにこの事件は、地味で退屈な上にテンポがおそく、しかもその全貌が明かとなるにつれ、首尾をつらぬく論理のきびしさがやりきれぬほどの重圧をともなって、関係者をひとかたならず悩ませたのであった。

――鮎川哲也『黒いトランク』（一九五六）

作品の冒頭に、作者が顔を出して、自作の意図やストーリイの展開について、読者に語りかけるという書き出しの方法がある。

鮎川氏は、この文章につづいて、「読者もまたこの記録を克明によむ努力を惜しまないならば、事件が合理的な解決をみるまでの経過を興味ぶかく理解できようし、また論理そのものを智的な遊戯としてたのしむ人には、論理にはじまり論理におわるこの事件の記録こそ、久しい渇《かつ》を十二分にいやすものであるといってよいであろう」と記している。いかにも自信と気迫にみちた書き出しである。読者も、こういう書き出しを見ると、よしッ、と身構えてその作品に対することになる。しかし作品の内容が、チャチで杜撰なものであれば、こういう書き出しも、空疎な放言として、読者の怒りをかうだけである。だが『黒いトランク』は、まさに「論理にはじまり論理におわる」重厚緻密な作品であった。それだけに、この書き出しには、いささかのケレンもなく、冒頭で述べた作者の自信にみちたことばを、読者は素直に納得したのである。

まず、事件のことから書く。

被告は、須村さと子という名で、二十九歳であった。罪名は、夫殺しである。さと子は、戦時中、××女専を出た。卒業するとある会社の社員となった。戦争中はどの会社も男が召集されて不足だったので、代用に女の子を大量に入社させた時期がある。

終戦になると、兵隊に行った男たちが、ぼつぼつ帰ってきて、代用の女子社員はだんだん要らなくなった。二年後には、戦時中に雇傭した女たちは、一斉に退社させられた。須村さと子もその一人である。

――松本清張『一年半待て』（一九五七）

作品のはじめに、主要な人物の経歴や環境を説明してから、話の本すじへ入って行くというのも、しばしば使われる方法である。

作者は、抑制された筆づかいで本篇のヒロイン須村さと子の人物像を描写している。松本氏の作品には、推理小説にありがちなコケオドシ的な書き出しではじまるものはまったくない。たんたんとした語り口で、いつの間にか読者を物語の世界へ誘いこんでしまう。

目が覚めると、須美子はベッドにいなかった。三面鏡の前で、髪を直している。彼女はすでに、服装を整えていた。

半袖のブラウスからのぞいている腕が、いつも以上に白い。白いばかりではなく、落着いた艶があった。

その白い腕を動かしながら、須美子は鏡に向って何かつぶやいていた。

ふと、気配に気づいたらしく、須美子は振り向いて言った。

「あら、目を醒ましたの？」

「ああ、ところで、いま鏡に向って何か言っていたね。何て言っていたんだい？」

「見ていたの？　いやだわ。あのねえ」

須美子は、低く丸い椅子の上で、からだの向きを変えた。スカートの裾がまくれかかり、あわてたように、手で直した。

――佐野洋『鏡の言葉』（一九八三）

マンションの一室である。ベッドから脱け出して、身支度をととのえた女が、三面鏡に向かって髪を直している。半袖のブラウスからのぞいている白い腕。鏡にうつっている女の唇が小さく動く。鏡に何か話しかけているようだ。

その姿を、男はベッドの中から、いとおしむように見つめている。あら、目を醒ましたの。女は振り返って声をかける……。

映画の一シーンを見るような書き出しである。作者は、一切の説明を避けて、あるがままの光景を描写している。

このあとで、女が鏡に向かってつぶやいたことばが「み・ぼ・う・じ・ん」であることを、作者は二人の会話を通して読者に知らせるのである。未亡人とその愛人。三面鏡のある部屋の朝のひととき。題名『鏡の言葉』にふさわしい書き出しだが、しかも、この鏡は、作品の終末にきて、もう一度、読者の前に現われる。しかし、その鏡にうつる顔は、この女性でもなく、愛人でもない。まったくべつのある男の顔である。鏡にはじまって、鏡で終わる。書き出しと終末が見事に照応しているわけだ。心にくいばかりの技巧である。

テキストにした『三幕の喜劇』では、動きのあるシーンから始まっている。説明を避けて、描写を主にした映画的な書き出しを試みたわけである。それも、風景描写ではなく、人物描写を心がけた。そのほうが、読者のイメージをかきたてるのに、効果的であろうと思ったからだ。

この作品の「第一幕」では、題名と書き出しについて考えてみた。つぎの「第二幕」は、会話によってストーリィが進められているので、読者も、地の文章と会話との関係に留意しながら読んでいただきたい。

第二幕

1

竹早署の刑事は、捜査主任の指示を受けて、深井昭一の自宅を電話で呼んだ。被害届の提出を求めるためであった。

電話口には、細君の美也子《みやこ》が出た。彼女は、田川万造の自供した内容を、刑事から伝えられると、びっくりしたように言った。

「まあ、そんなことがあったんですか」

「そうです。本人は自首していますし、盗品も持参しました。これは、お宅へお返しすることになりますが、それには書類が必要なんですよ。とりあえず、被害届を出して頂きたいんですが……」

「でも、刑事さん」と、美也子は言った。

「うちじゃ何も盗まれていませんよ」

「へんですねえ。本人は、たしかに、お宅から盗んだと言っている。調べてみて下さい」

「そんな必要はないと思いますけど……」

「靴ですよ。黒の短靴。かなり高級品です。ご主人なら分ると思う。ちょっと訊ねていただけませんか」

「主人は出張中でございます」

「よわったな。被害届がないと、品物をお返しできないんです」

「返して頂く必要はありません」

「しかし、お宅で盗まれた品ですよ」

「うちじゃ盗まれていません。被害もないのに、被害届を出せなんて、あんまりじゃありませんか」

「そりゃ、まあ、そうですが……」

「気をつけて下さいよ」

「どうもすみませんでした」

電話を切ると、刑事はプリプリしながら捜査主任の前に立った。ことばの成りゆきで、つい、すみませんでしたなどと頭を下げてしまった自分に、肚《はら》をたてていたのである。

しかし、この報告を受けて、こんどは捜査主任が肚をたてた。

「ふざけた話だ」

「そうです。あの万造というじじいは、ガセネタを持ち込んで、タダ飯を食うつもりだったんです」

「バカもん！」

　主任は一喝した。

「万造は真実を語っている。嘘をついているのは、深井の細君のほうだ」

「それは、どういうわけで……」

「いいか。この前の市議選のとき、深井昭一は、買収容疑で取調べを受けている。家宅捜索には、おれも行った。そのとき、あの美也子という女房は、金切声を上げて、係官にくってかかった。箪笥《たんす》の引出しを開けようとしたおれの手へ、嚙みついてきたもんだ。無理もない話で、中からゴッソリ出てきたからな」

「証拠物件がですか」

「いや、例の写真と絵だよ。男と女が、裸でからみ合っているY印だ」

「ほう」

「そいつを、おれが畳の上にバラまいてやった。するとあの女、観念したようにおれを見上げて、こんなもの、お珍しくございませんでしょう、とニッコリ笑いやがった。好きだぜ、あの細君は——」

「しかし、アノほうと、盗難事件とは、別に関係がないと思いますが――」

「だから、そのときのことを、深井美也子は恨みに思っているんだ。つまり、警察に対しては、わざと非協力的な態度にでる。被害届がなければ、田川万造は釈放される。せっかく名乗りでた犯人を、われわれは逃がしてやらなければならない。これが、あの女のねらいだ。要するに、泥棒に味方して、われわれを困らせてやろう、というわけだ」

主任は、そう言ってから、決然と、次のような指示を与えたのである。

「すぐに、深井美也子を出頭させろ。理由は、盗品の確認と被害届の提出だ。これは、市民としても当然の義務である。いいな、深井美也子に、そう伝えるんだ」

「わかりました」

こうした会話が、主任と刑事の間に交《かわ》されていたとき、田川万造は、二号取調室の椅子にチンマリと坐りこんで、手の空いていた少年係の刑事を相手に、巡業先で味わった数々の色模様を、酔ったように語りつづけていたのである。

「……そんなわけで、多いときには、一晩に二人、三人とお声がかかってまいります。本気でお相手しては、こちらの体がもちません。それもあなた、世にいう三十後家の深情けで、役者買いをなさろうというお方ですから、アノ手、コノ手は知りつくしております。ネットリからみついて、歌さん、今夜は放さないよ、と吐き出す息が耳から胸へすべって行く。生きもののような、やわらかい唇で、わたしをくわえて右へ左へ、上へ下へと動かすのが、松葉くずしは千鳥の秘曲でございます。もうこうなれば、とけて流れる白露を、厭《いと》うお方はございません。音をたててのみ込んで、ああおいしい、今夜の歌さんは格別だねえ、とニッコリ笑いかけてくる。奥さん、そんなに気持よく攻められては、もう死にそうでございます。あら、お口のうまいこと。いっそ殺してあげようか。本望でございます。そんなら歌さん、こんどはこうして、と目にしみるような白い太腿を、わたくしの顔に押しあてまして……」

若い刑事は、いくども生唾をのみこんだので、口の中が、カラカラに乾いていた。

2

深井美也子が、二号取調室に姿を見せたのは、それから二時間ほど後のことである。髪を染めて、思いきり襟足を見せた紫地の着物に、朱色の帯を胸高にしめた彼女は、香水の匂いをまき散らしながら、部屋に入って来た。

田川万造は、椅子から立ち上って、鄭重に頭を下げたが、彼女は目もくれなかった。

「主任さん、いったい、これはどういうことですの」

美也子の詰問的な口調に、捜査主任も、ムッとしたように答えた。

「事情は説明した通りです。この盗品を確認して、被害届を出して頂きたい」

「なんど言ったら分るんですか。うちでは、靴なんか盗まれていません。このおじいさんが、でたらめを言ってるんですわ。どこか、ほかのお宅から盗んだんですよ、きっと」

「しかし、奥さん」

　と、田川万造が言った。

「これは、たしかに、お宅さまから持ち逃げしたものでございます」

「盗まれちゃいません」

「盗みました」

「くどいわねえ、本人のわたしが、盗まれていないと言ってるのよ。どうして、そんなに泥棒になりたいの？」

「わたくしにも、良心がございます。盗みましたものを、盗まないと言われましては迷惑をいたします」

「迷惑？」

　美也子は、あきれたような声を出した。

「主任さん。このおじいさんは、もうろくしているんじゃないですか」

「いや、本人の自供には真実性がある。これは、たしかに、ご主人の靴ですよ」

「わたし、頭がへんになりそうですわ。主任さんだって、うちの主人をご存じでいらっしゃいましょう?」

「知っています。あの節、お会いしておりますからねえ」

「そんなら、分りそうなもんじゃありませんか。うちの主人は、身長が百六十センチそこそこ、体重四十一キロの痩せっぽちで小柄な体格なんですよ。こんな大きい靴を注文するわけがないじゃございませんか」

「うむ」

主任は、思わず唸った。その通りである。深井昭一は、子どものように貧弱な体つきであった。

捜査主任は、ムッツリとした表情で、自分の靴を脱いでから、盗品の靴に足を入れてみた。ブカブカである。主任の足は、十文八分だ。するとこれは、十一文以上ということになる。美也子の指摘は正しいのだ。

「おわかりになったでしょう」

美也子は、勝ちほこったように言った。

「小柄な主人が、そんな大きな靴を買うもんですか」

「しかし、奥さん」と、万造がおそるおそる言った。「バカの大足、ということもございまして、体つきだけでは、その……」

「まあ！　主人がバカだとでも言うの？」

「とんでもない。ノロマの小足、ということもございますから……」

主任は、吹き出しそうになったが、顔をしかめて笑いをこらえた。

「わたし、帰らせて頂きます。こんな気違いじいさんのお相手はできませんからね」

深井美也子は、たたきつけるような言葉をのこして、部屋を出ていった。

主任は、黙って、それを見送った。実際、引きとめる理由はなかったのだ。

「じいさん」

と、主任は、しばらくしてから言った。

「あんたも、もう帰っていいよ」

「それは困ります。どうか正式なご裁判を」

「いずれ、呼び出しはあるがね。今日は、まあ、これでいいだろう」

「さようでございますか。では、お言葉にあまえさせて頂きます。決して、逃げも、かくれもいたしませんから」

「分ったよ。いまは歳末警戒で、警察も忙しいんだ。呼び出しがあるまで、家にいるんだな。悪い心を起すんじゃないぜ」

「ありがとう存じます。盗みは、もう、こりごり致しました。では、おやかましゅうございました」

田川万造が、古ぼけたゴムの半長靴を引きずるようにして部屋を出ていったとき、主任はホーと息を吐き出した。

長い刑事生活の中で、こんな変てこな事件は初めてだ、と彼は思った。

（こいつは、もう少し考えてみる必要がありそうだ）

3

同じ日の午後二時ごろ。

田川万造が、ゆっくりした足どりで、深井昭一の家の前に歩みよって来た。

彼は、見おぼえのある格子戸に手をかけると、ちょっと周囲を見回してから、

「ごめん下さいまし」

と声をかけて、玄関に入った。

「どなた」

出て来た美也子は、そこに万造の姿をみとめると、ギクッとしたように立ちすくんだ。

「あんた、なにをしに来たの？」

「さきほどは、とんだご無礼を致しました」

万造は、かがめた腰を、そのまま玄関の上り口へ、ゆっくりと下ろした。

「帰ってよ。うちじゃ、泥棒に用はないんだから」

「いいえ、泥棒のご用ききに伺ったわけじゃございません。実は、わたくし、警察から帰されてしまいました」

「そんならいいじゃないの。さっさと、家へ帰りなさいよ」

「そうもまいりません。これでは、せっかく、自首したことが水の泡になります。こちらさまのお情けにすがって、盗みの件を、ぜひ認めて頂きたいと存じまして」

「あんた、アル中？」

「いいえ、アル中になるほど、呑んでみたいとは存じますが――」

「じゃ、気違いよ」

「奥さん！」

万造は、体をよじって、立ったままでいる美也子を見上げた。細い目が、にぶい光を放って美也子の顔をまっすぐに見つめている。

彼女は、思わず襟をかき合わせた。

「あんた、へんな真似をすると、警察を呼ぶわよ」

「どうぞお呼び下さいまし。わたくし、そのためにお邪魔したのでございますから」

「いったい、どうすればいいの？」

「だから、盗みの件を、おみとめ願いたいのでございます。あの靴は、間違いなく、このお玄関から持ち出したもので……」

「くどいわねえ」

「わたくし、うそは申しません。あれは、一昨日の夜でございます。時刻はたしか十時すぎ。半分ひらいた格子戸に、つい誘われてフラフラと、心も闇の玄関に、忍びこんではみましたものの、そこの襖の小障子から、洩れた明りと、人の声――」

「おじいさん！」

美也子は、おびえたように、相手の言葉をおしとどめた。

「あんた、うちの玄関にひそんでいたの？」

「さようでございます。あまりの恐ろしさに、体が動きません。たしか、お部屋の明りは、はじめ豆電球のようでございました。すると、人の話声がして、パッと明るい電灯がともされました」

「それで、すぐ逃げ出したんでしょう」

「そこのところは、よく覚えておりません。奥さん、ごらん下さいまし」

万造は、立っている美也子の背後を指して言った。

「そこの襖にハメ込んである小障子に、ほんの一箇所、ちょっと破れ目がございますようで――」

「………」

「お正月も近いことでございます。あれは、お張り替えになったほうがよろしいかと存じますが……」

「じゃ、電灯をつけたとき、あんたこの穴から中をのぞいていたのね」

「さあ、それがハッキリいたしません。見たとも、見なかったとも、警察や裁判所で申し上げられるほど、たしかな記憶がございませんので」

「そんなこと、なぜ警察で話さなけりゃならないの？」

「べつに、話す必要はございません。ただ、あの夜、わたくしが確かに忍び込んだという証拠にはなろうかと存じます」

「………」

「いかがでございましょう、奥さん。くどいようですが、わたくしの盗みました靴について、思い出しては頂けないものでございましょうか」

「………」

「いえ、いますぐとは申しません。なんでしたら、今夜にでも、もう一度お邪魔いたしますから、旦那さまともご相談の上で……」

「主人はいないわ。出張なんだから……」

美也子は、そう言ってから、肩をおとして考え込んでしまった。

万造は、ひっそりと、相手の返事を待っていた。長い時間のあとで、美也子が、思いきったように言った。

「いいわ」

「今夜、もう一度来てよ。おじいさんの話をよく考えてみるわ。ことによると、あの靴は、うちで盗まれたのかもしれない……」

「それがよろしゅうございます」

万造は、歯の抜けた唇をゆがめて、ニタリと笑った。

「にんげん、だれでも思い違いということがございます。あとでよく考えてみると、いろいろなことが思い出されてくる。いや、これは、盗人の説教でございました。では、今晩の八時。お約束申し上げます」

田川万造は、丁寧に一礼すると、ゆっくりとした足どりで門を出ていった。

その後姿を、美也子は、憎らしそうに見つめていたが、

「くそじじい！」と、吐き出すように言ってから居間に入った。

そのまま、放心したように坐り込んでいたが、不意に、そばにあった電話機を引きよせると、ふるえる指でダイヤルをまわした。

「第二幕」了

〔会話について〕

小説の中で用いられる会話は、地の文章と密接な関係がある。会話と地の文章が、それぞれ独立した働きをしているのではなく、この両者は、相互に関連しながら、ストーリイを進めて行く働きをしなければならない。

会話の部分の多い小説は、たしかに読みやすい。大衆むけの娯楽小説に、会話が多く使われているのは、そのほうが読者に好まれるということであろう。しかし、単に会話を入れたいために、不必要な会話の場面を作ったりすると、作品が軽薄なものになって、読者の反感を招くことになる。たとえば、つぎのような場面が、それに当たる。

若い男女が、デートの帰りに、駅の近くまで歩いてきたが、ふと目についた喫茶店へ入った。その場面である。

店の中は閑散としていた。

二人は、窓ぎわの空いている席に腰を下ろした。女店員がちかよってきた。

「なんになさいますか」

「わたしはコーヒー」

「そちらさまは？」

「じゃぼくもコーヒーにする」

女店員が離れると、二人は顔を見合わせて笑いを浮かべた。

「いまのひと、うちの受付にいる加奈ちゃんに似ていると思わない？」

「うん、なんとなく感じが似ているね」

「あら、目つきや口のあたりがそっくりよ」

「こんど、加奈ちゃんも連れてきてやろうか」

「びっくりするわよ、彼女」

コーヒーが運ばれてきた。

「お砂糖いれる？」

「ああ」

「いくつ？」

「二つ」

「甘いのが好きなのね」

「きみは？」

「わたしはブラック」

「じゃミルクもいれないんだ」

「そう。本当のコーヒー好きは、たいがいブラックよ」

こういう他愛もない会話が延々とつづいている。ストーリィにはまったく関係のない会話である。しかも、この男女が、コーヒーを飲み終わると、駅まで行き、そこで別れたということになっている。原稿を引きのばすために、こんなばかげた場面を入れたとしか思えない。こういう作品に重量感がないのは当然である。

会話は、あくまでもストーリィの進展に役立つものでなければならない。

テキスト『三幕の喜劇』の第二幕は、ほとんど会話によってストーリィが進められている。もと女形の田川万造と、深井美也子との間に交される会話は、いささか漫才ふうのヤリトリだが、作者は無意味にこの場面を書いているわけではない。それは、つぎにくる第三幕の解決篇のための、重要な伏線になっていることが、読者には、やがて理解できるはずである。その点を味読《みどく》してほしい。

なお、会話の書き方が不得手なひとは、できるだけ多くの戯曲を読むことをおすすめする。すぐれた戯曲は、登場人物のセリフに、細心の注意をはらって、むだな会話というものを排除している。ことばの一つ一つに工夫をこらし、舞台の緊張感を高めるため、会話のすみずみまで神経がゆきとどいているからだ。

私の場合も、会話を書くときには、登場人物のことばをセリフと考えて、戯曲と同じような手法を用いている。岸田國士、真船豊、三好十郎、井上ひさしの各氏などの戯曲は、それぞれ作風が違っているので、会話を書く際の参考にもなり、勉強にもなると思う。

つぎに、テキストの最終部分を掲出する。作品の第三幕である。小説の「書き出し」については既に述べたが、同じように「結び」もまた重要である。特に、推理小説の短篇では、あざやかな幕切れが望ましい。

これらの点については、第三幕のあとで、私の意見を述べることにする。

第三幕

1

同じ日の夜。

前景につづく深井家の居間で、田川万造は、卓袱台《ちゃぶだい》を挟んで美也子と向き合っていた。

彼は、美也子が差出した数十枚の紙幣を、指先をなめながら、ようやく数え終ったところであった。

「たしかに五十万円。間違いございません」

万造は、数え終った紙幣をちょっと拝むようにして、ヨレヨレの上衣のポケットに入れた。

「こんなことまでして頂くつもりはなかったんでございますが、なんとも行き届いたお扱いで……」

「分ったわね、おじいさん」と、美也子は、念を押すように言った。

「これで、靴の盗難事件は忘れるのよ」

「かしこまりました」

「あの晩、おじいさんが、障子の破れ目から見たことも、話し声も、みんな忘れてもらいますからね」

「分っております。それに、ひとさまの色ごとを吹聴するほど、まだ、もうろくはしておりません。わたくし自身、色の道は人の道と考えております。おやりなさいまし。なにごとも、お若いうちでございます」

「おじいさんは、あの晩、ずうっと覗いていたの？」

「いえ、わたくしの拝見しましたのは、中幕から大詰《おおづめ》へかけましてのあたりで」

「いやらしい。みんな見ちゃったんじゃないの」

「なにしろ、お相手役をつとめていたお方、たしか、あれは、市会議員の白木さんだと存じますが」

「まあ、白木さんだということまで知ってたのね」

「はい。前回の市議選のおりに、宣伝カーに乗ったお姿を、いくどもお見受けしておりましたから。たしか、こちらの旦那さまが、その横にチョコンとお立ちになってございます。あの晩、旦那さまは、ご出張。さびしい一人寝のお相手も、選挙が取りもつ縁かいな、と濡れ場を拝見いたしておりました」

「すっかり、お見通しなのね。そこまで分っているくせに、どうして警察へなんか行ったのよ」

「最初は、奥さんにだけお話しようと存じました。しかし、そんなことはなかった、と言われれば、それまでの話。やはり、証拠が必要でございます。そこで思いついたのが、あの靴を生かした盗難の一幕でございます。こうなれば、警察が中に割り込んでまいります。盗んだか、盗まないか。当夜の模様は、克明に調べましょう。しかも、あの靴は、まさしく白木さんのでございます。これが奥さんの泣きどころ。これだけの手を打っておけば、奥さんにしても、簡単にわたしを追い払うことはできません。まあ、こんなことを、いちいちご説明するまでもない。さすがは奥さま、こうして過分のお手当てを頂きました以上、あの秘密は、どこまでも守り通す覚悟でございます」

美也子は、ホーと溜息を洩らした。

「では、大へん失礼をいたしました。わたくし、これでおいとまを……」

田川万造は、ゆっくり立ち上がった。

瞬間、境の襖が開いて、一人の男が、万造の前に立ちふさがった。

「あッ、あなたは市会議員の白木さん――」

「ふむ、おいぼれメ。世迷《よま》いごとは、それだけか」

「なにをおっしゃいます、白木さん」

万造は、二、三歩さがった。逞《たくま》しい男の殺気に圧倒されたのだ。

「やめてよ、白木さん」と美也子が叫んだ。

「放せ。こんな悪党を生かしておいては、こっちの破滅だ。あんたからの電話で、なんとか金ですませようと一度は考えたが、やっぱり危い。五十万の金がなくなれば、こいつは、もう一度ゆすりにくる。おい、田川！　幕ぎれのセリフは聞いてやるぞ。南無阿弥陀仏か。アーメンか」

「待って下さいまし、お助け下さい。金はお返し致します。そのかわり、市会議員さんのお力で、わたしを老人ホームに……」

田川万造は、そこに這いつくばって手を合せた。美也子は、目をつむった。

二十貫はあろうと思われる白木の巨体が、万造の小さな体に襲いかかったのは、次の瞬間であった。

2

同じ頃。

竹早署の捜査主任は、黒い皮靴を持って、宮川町の通りを歩いていた。

深井美也子に会って、この奇妙な盗難事件の決着をつけるつもりであった。

田川万造を釈放した直後に、靴の販売店が判明したのである。中の敷皮に、メーカーの名が記されていたからだ。

刑事が、市内の靴屋に走った。六軒目の店で、

「これは、うちで扱ったものです」

という、若い店員の証言が得られた。

「だれに売ったか分るかね」

刑事の質問に、店員は大きくうなずいた。

「分っていますよ。これは、市会議員の白木さんにお売りしました。この市内で、十一文五分の靴をはくのは、白木さんだけですよ。わたしがご注文を受けて、特別に取りよせたんです。見て下さい、右足のつま先の部分に、ちょっとした傷があるでしょう。これで、三百円も値切られたんですから……」

若い店員は、苦笑しながら説明した。

この報告を受けて、主任はびっくりした。

「ふーむ。すると、これは、どういうことなんだ」

靴は、白木議員のものである。

しかし、田川万造は、深井昭一の自宅から盗んだと主張している。すると、その夜、白木議員が、深井の家に行っていたとしか考えられない。深井は、白木の選挙参謀をつとめた男だ。夜間の訪問も、不思議ではない。

では、靴を盗まれた白木が、なぜ騒ぎたてなかったのか。ハダシで帰るはずがない。当然、代りのハキモノを要求する。それを美也子が知らなかった、というのはどういうことか。もっとも、その晩、美也子が家にいなかった、と考えれば、説明はつく。

しかし、万造は、女の声を聞いた、と言っているのだ。深夜である。電灯は消えていた。すでに寝しずまった家の中に、美也子ではない、ほかの女がいたというのか。

このへんから、主任の推理は混乱する。靴と声と人間の関係が、どうにも理解しがたいのである。

そこで、白木の自宅に電話してみた。

「主人は留守でございます」

細君は、そう答えた。靴の件について訊ねたが、わたしには分りませんと言う。

「お帰りになったら、署のほうへ電話して下さい」

そのまま、八時ちかくまで待ったが、ついに白木の家から電話はなかった。

(よし、美也子に会ってみよう)

捜査主任が、深井家の訪問を思いたつまでには、これだけの経緯《いきさつ》があったのである。

いま、その主任の前に、深井昭一の家の低い板塀が見えて来た。

3

「死んだらしいな」

白木は、足もとに横たわっている田川万造の死体を見つめたまま言った。

「毛布を持って来てくれ」

「どうするの」

美也子が、死体から、顔をそむけるようにして訊ねた。

「こいつを毛布につつんで、おれの車で運び出すんだ。車は、裏口にまわしてある。さ、早く毛布を出すんだ」

「いや、こわいわ。なにも殺す必要はなかったのよ」

「なにを言うんだ。あんただって共犯だぞ」

「わたしは何もしていないわ」

「とにかく毛布を出すんだ。死体の始末はおれがする」

美也子が、よろめくように立上がった。

そのとき、捜査王任が、玄関の格子戸に手をかけていた。

「ごめん下さい」

声と同時に、戸を開けた。

「こんばんは。深井さん、奥さんいらっしゃいますか」

玄関へ入った主任の目は、そこに脱ぎすててあるゴムの半長靴を見た。

「うむ、こいつは田川のじいさんのものだ」

なにかが、主任の頭の中で閃《ひらめ》いた。それが、なんであるかを確かめる前に、主任の体は、正面の襖を蹴破るようにして、室内にとび込んで行った。

「あッ、白木さん……」

蒼ざめて、呆然と立っている白木の体から、主任の目は、畳に横たわっている田川万造の死体に落ちた。

「ふーむ」

主任は、唸《うな》った。

美也子が、崩れるように、主任の足もとへ坐りこんだ。

「わたしじゃない！　わたしが殺したんじゃありません！」

「いったい、これは、どういうことだ」

答えるものはなかった。

白木は、痴呆のように、ポカンと立ちつくしている。美也子は、ゲクゲクと肩をふるわせて泣きつづけた。万造は、ひっそりと眠っていた。

「わからん、なぜ、こんなことになったんだ。とにかく、署へ行って説明してもらおう」

その言葉を合図に、この人間喜劇の舞台は、急速に幕をとじた。

しかし、その幕ぎれの速さに、唖然とした観客や読者の中で、拍手をおくろうとするものは、一人もなかった。

了

（『別冊小説宝石』昭和四十六年［一九七一］二月号初出）

〔結末について〕

小説の結び方について、丹羽文雄氏はつぎのように述べている。

短篇ではことに、この小説にはつづきがある筈と思わせるように切るべきである。しかし、現実には、つづきは書いてはならないものである。書けば、必ず失敗する。つづきがある筈だということは、その小説の余韻が読者の心に残っている証拠であり、その余韻は、その小説でなければならないものであり、続編で補ったり、埋めたり出来るものではない。

一般の文芸作品ならば、こういう考え方もあろうと思うが、推理小説に関する限り「つづきがある筈と思わせる」ような結末では困るのである。提示された謎が、完全に解決され、説明されていなければならない。「つづきがある」と思われるような結末で、読者が満足するはずがない。小説における「余韻」と「剰余」とは、まったく異なったものであることを理解しなければならない。推理小説の結末にも、余韻や余情のあるほうが望ましいけれど、それが、未解決の部分、つまり私のいう「剰余」であってはならないのだ。

古典的な探偵小説では、作品の最終部分にきてから、名探偵が、事件の関係者を一堂に集めて、「さて、みなさん、この謎につつまれた事件の真相は――」と、長ったらしい説明をして幕をとじるというのが、常套的な手法であった。一部の読者には、これが歓迎されたわけだが、中には、それほど明快な推理のできる探偵が、事件の途中で続発したいくつもの殺人を、どうして防げなかったのかと、その不自然さに眉をひそめたひともいたに違いない。

解決篇の長々とした説明は、読者にとっても退屈であろうが、作者にとっても、ここがいちばん厄介な仕事である。これについて、松本清張氏が、面白い意見を述べているので、その部分を引用させて頂くことにする。松本氏も、推理小説の宿命ともいえる解決篇には、うんざりしているらしいことがよくわかる。

> だが、こう書き進めてきて、またもや思うのは、それが推理小説の形態をとった場合、必ず解決篇の必要なことである。推理小説に、もし、文学性を望もうとするなら、それは、いまのところ文体や、描写や、人間性格の書き方であろう。しかし、最後にいたって「絵解き」の部分が入ると、俄然「文学性」は地下にもぐってしまう。絵解きくらい非文学的な、通俗的な論理はない。しかも、これは必須条件である。なんとなれば「未解決」という深遠な魅力的部分の存置は推理小説には許されていないから

である。（中略）

推理小説の手法上、将来に残されている問題といえば、この小説の最後の部分であろう。解決篇を後尾に付与しなければならないという命題は、何とかならないものだろうか。（倒叙推理小説に比較的文学性が見られるのは、末尾に絵解きが不要だからである）。（随筆『黒い手帖』）

氏と同様な歎きは、多くの推理作家に共通するものであろう。

犯人も、トリックも、事件の真相も、作者は初めから知っている。どれほど難解な事件であろうと、作者にとっては不可解でもなければ不思議でもない。すべては、自分が作りあげた物語である。その知りすぎている話の内容を、あらためて解説篇でくどくどと説明しなければならないのだから、書いている本人には、いささかの小説的感興もない。松本氏のいうように、「俄然、文学性は地下にもぐってしまう」わけだ。

松本氏は、前掲の文章につづけて、

『普通の小説にも解決はある。一見、解決がないように見えながら、実は、それは文章に書いてないだけであって、読者のイメージはそれを解決しているのである。

しかし、現在の推理小説には、文章によらず、読者にあとの解決をすべて想像でまかすということは許されない』

と記し、さらに、『誰か天才児が出て、懇切丁寧な絵解きなど不要な、しかも、それを書いたと同等な、あるいはそれ以上の効果のある結末の手法を発見できないものだろうか』とも述べているが、このような天才児の出現は、当分、見込みがなさそうである。

私も、長篇の結末部分を書くときは、できるだけ説明的な文章で終わらせないように心がけてきた。もちろん、提示した謎の絵解きは必要だが、それは、進行するストーリィの中で少しずつ明らかにすることによって、終末部にすべてを持ち込むという手法は避けてきたつもりである。

H・R・F・キーティングの『ミステリの書き方』では、最後の説明部分を退屈させずに書く方法として、つぎの四つをあげている。

1　書き上げた説明部分の原稿を読みなおし、できるだけ磨きをかける。

2　説明部分に、なにかのアクション部分をとり入れること（たとえば、主人公が犯人の銃弾をかわしながら、犯行の主要部分を犯人から聞き出すといったような場合である）。

3　説明部分に、ちょっとしたジョークを入れる。あるいは愉快な振舞いをする人物を一人登場させる。

4　登場人物の一人に、なにか簡単な仕事をさせながら、その仕事の合い間に、あわただしく説明させる。忙しそうな雰囲気の中で行われる説明は、読者にも、あわただしい感じが伝わってくるので、それほど退屈には感じられない。

だいたいこんな内容だが、キーティング自身の作家経験から得た具体的な方法であるだけに、終末部分の書き方に悩むひとには、参考になる意見だと思う。

以上述べてきたことは、主として長篇の場合であって、短篇では、いささか事情を異にする。もともと推理小説の短篇では、あまり複雑な内容のものは扱わないので、終末部分にも、長々とした説明は不必要になる。

『三幕の喜劇』は、終末部分にオチを用意した。田川万造の脅迫は、相手の不倫をネタにしたもので、それによって彼は五十万円の現金を手に入れた。脅迫は成功したかに見えたが、その瞬間、女の情夫が現われて、逆に、田川万造は殺されてしまう。しかも、その殺人の直後に、なにも知らずに訪れた警官によって、この殺人劇は、あっけなく幕をとじてしまう、というオチである。

しかし、この終末部分の描写は、われながら未熟で、まずかったと思っている。特に、

「しかし、その幕ぎれの速さに、唖然とした観客や読者の中で、拍手をおくろうとするものは、一人もなかった」

という最後の一行は、まさに、あらずもがなの文章であった。私は『三幕の喜劇』とい

う題名にこだわって、こんな文章を加えたのだが、現在なら、こういう書き方はしなかったと思う。この作品を掲載するに際して、終末の部分を手直ししようと思ったが、むしろ、まずい終わり方の一例として、あえて発表当時のままにしておいた。

　短篇においては、しめくくりの一行に、作者は全力をつくすべきだと考える。

そこで、スマートな終末部分の作例として、有《あり》馬《ま》頼義《よりちか》氏の短篇『バラ園の共犯者』（一九五八）をとりあげてみる。発表当時、これを一読して、うまいな、と感心したものだが、この記憶は現在も変わらない。

『バラ園の共犯者』は、税務署をくびになった「俺」を主人公に据えている。つまり、一人称で話をすすめて行く小説形式である。

——俺は、税務署をくびになった直後に、バラ園の経営者岩上光徳の家に住みつくことになった。税務署づとめの経験を生かして、税金対策の相談役になってもらいたいというわけだ。

　俺は岩上の家で、彼の女房加根子をはじめてみた。意外に若くて、美しい女だった。岩上という男は、バラを愛しており、新種の交配に熱心だった。あたしのことなんか、どうでもいいんですわ、と加根子もいっていた。俺の気持は、すこしずつ、この女に惹きつけられて行く。

俺は、二人で帳簿をのぞき込んでいるようなときに、加根子の髪の匂いをかいだ。その匂いは、俺の鼻から、気管を通って肺にはいり、俺の血管の中へしみ通って行った。それは不倫の静かなはじまりであった。

俺は、ついに加根子の体を奪うことに成功した。その結果、この女と二人で暮らすために、岩上の殺害を考えるようになったのだ。

最初、加根子は、計画になかなか同意しなかった。わたしは岩上を愛しているの、と言い、殺さなくてもいいじゃないの、とも言った。不倫の関係だけをつづけようというのだ。

俺が、「じゃ俺が、いつでも君を抱こうと思ったときに、抱いてもいいのか」と言うと、黙りこんでしまった。

結局、加根子は俺の申し出に同意した。

決行の夜が来た。夕食の後で、岩上は必ずミルクを入れた紅茶をのむ。俺も加根子も紅茶はのむがミルクは入れない。だから、岩上だけが使うミルク壺の中へ、俺の用意する青酸カリを入れておけばいい。それが俺の犯行計画であった。

その夜、加根子は俺が指示した通り、ミルク壺に薬を入れた。そのとき加根子は、俺の顔を見て、疲れていらっしゃるようね、ビタミンでもお飲みになったら、と言い、明日は少し力仕事を手伝っていただきたいの、と笑いかけてきた。そばにいた岩上も、それがいい、と自分がいつも飲んでいる錠剤を渡してくれた。俺はおかしかった。加根子が、手伝ってもらう力仕事というのは、夫の死体を埋める穴を掘ることなのだ……。

『バラ園の共犯者』のストーリィは、このように進められてゆくのだが、やがて、クライマックスの場面を迎える。

岩上は、ミルクを入れた紅茶を口にしたのだが、平然として「俺」と話し合っている。女房の加根子も、平気な顔をしている。それが「俺」には理解できない。

この作品の終末部分、見事な幕切れのシーンは、つぎのように書かれている。原文の通り写してみる。

　俺はその時、何故岩上は平気でそんなことをしゃべっているのだろう、と思った。
　薬をのみ下して、もう五分位経っているだろう。岩上は死なない。その上妙なことに、その時の俺の目に、岩上は、いつものお人よしにはうつっていなかった。壁のように、彼は俺の前に立っていた。俺は加根子を見た。加根子は平然としていた。俺は愕然とした。立上がろうとすると、岩上がとめた。

「吐き出そうというのですか。それはもう遅い。胃の中か、或は十二指腸あたりで、糖衣がとけている頃ですよ」

「畜生」と俺はうめいた。多分それは、俺が、この唇から放ち得た最後の言葉であった。俺は、畳の目を見ていた。俺はひとりぽっちだ。俺がいなくなったって、誰も気にはしない。岩上は税務署へ行って、俺の昔の同僚に、多分こう言うだろう。彼は急に九州の方へ行くことになりましたので、と。

　俺の耳に、加根子の声が聞えた。

「あなた。早く穴を掘りましょうよ」


　あざやかなエンディングである。家庭生活の危機に直面したとき、長い間連れ添って生きてきた夫婦こそ、最後の協力者であり、共犯者になり得るのだ。しかし作者は、そうした説明は一切していない。「あなた。早く穴を掘りましょうよ」という言葉で、女の変心を見事に表現しているのだ。

　推理小説の短篇において、結びの一行が、これほど効果をあげている作品はめったにあるまい。最後の数行によって、その作品が、生きもし、死にもする例として、これを取り上げてみた。

終　章　補遺と提言

1　「十戒」と「二十則」について

ロナルド・ノックス（一八八八～一九五七）は、イギリスにおけるローマンカソリック教の大僧正《だいそうじょう》として、この宗派の最高権威者の一人であったが、推理小説の愛好者には、『陸橋殺人事件』（一九二五）の作者としてのほうが馴染みがふかい。

彼が編纂《へんさん》した『探偵小説傑作集』*The Best of Detective Stories of the Year* は、一九二八年に刊行されたものだが、その巻頭に、彼は長い序文を寄せている。それを要約すれば、およそつぎのような内容になる。

——探偵小説は、他の文芸と違って、ストーリイが始まる以前に事件のほうは終わっているという特色がある。普通の小説では、「なにごとが起こるだろうか」という点に興味があるけれど、探偵小説は「なにごとが起こったか」という点に興味が集中するわけだ。つまり、ストーリイの順序が転換しているということになる。また、普通の小説では、作者の考えた筋書に従って、発端から完結へ向けて進んで行くが、探偵小説は、これに反して、完結から発端へ向かって逆行して行くことになる。一般の小説が、人間の総合能力に訴えてくるものだとすれば、探偵小説は、人間の分析能力にアピールするものである――。

　これが、ノックスの探偵小説に対する見解であった。

（私は、この『推理小説作法』の第一章に、一般の小説は、読者の感性や情念に訴えるものであり、推理小説は、読者の理性に訴え、その知的興味を満足させるものだ、と述べているが、これもノックスの見解に近いといえるかもしれない）

　探偵小説が、特殊化された芸術であるとすれば、当然、特殊化された規約が必要になってくる。ノックスはこう述べたあとで、探偵小説は、作者と読者との間に行なわれる競技であるから、あくまでも規約を守り、フェア・プレイを心がけるべきであり、アンフェアな探偵小説の作者は、みずからファウル・プレイを行なったのだから、審判員によって、競技場からの退去を命じられることになる、と記している。

　では、その規約とはどんなものか。彼は、この『探偵小説傑作集』の序文の中で、いわゆる探偵小説のファンと称すべき大多数の人は、ここに列挙した原則を承認するであろうと言い、しかし批評家たちの全部が、必ずしも賛意を表するとは思えないと断った上で、十の規約（原則）を注釈つきで記している。これが「ノックスの十戒」といわれているものである。

それぞれの項目には、かなり詳しい注釈がついているが、ここではとりあえず、各項目の要点だけを列記してみる。

1　真犯人となる人物は、ストーリイの初めのほうで読者に紹介されている人物でなければならない。作品の終わるころになって、いきなり読者には知らされていない未知の人物が現われ、それが真犯人だった、などという設定は、単なるごまかしであって、ルール違反の行為である。

2　超自然の方法や、不可思議な魔力を使って、謎を作ったり、謎を解くようなやり方は避けなければいけない。

3　密室に、秘密の通路があった、というようなことではこまる。

4　まだ発見されていない毒薬とか、複雑な説明を必要とするような科学的な装置などは使わないほうがいい。

5　支那人を登場させてはならない。

(この項目については、ノックス自身が、理由を説明するのは困難だが、と断った上で、自分たち西洋人にとって、支那人は頭がよく、道徳的には冷酷な人物に見えるからだ、と述べているが、東洋人には、いささか理解できにくい理由である)

6　偶然や直感にたよって、探偵が事件を解決するような作品はまずい。もっとも、探偵の頭にひらめいた直感や霊感が、ストーリイの中で、論理的に実証され、調査の結果も、それが間違いでなかった、ということであれば差支えない。

7　探偵自身が犯人であってはならない。もっとも、この規約は、作者自身が、その探偵が真実に探偵であるということを、読者に明言している場合に限る。犯罪者が探偵に変装するというようなことは、いっこうに差支えない。

8　推理の手掛りになるようなことは、かくすことなく持ち出して、読者の前に堂々とふりかざして見せるべきである。

9　名探偵の脇役として、つまりワトスン役を使う場合、彼の知能は、読者よりいくぶん低いほうがよい。もっとも、ワトスン役が探偵小説には必要欠くべからざるものとは決まっていない。

10　双生児や、容貌がひどく似ている人物を登場させることは、あまり好ましくない。さらにいえば、変装術にすぐれた手腕を持っている犯人などを登場させることもよくない。そんな人物の存在を、読者は予想できないからだ。もっとも、その人物が、かつて舞台に出ていたこともある、というようなことを、あらかじめ知らせておけばよいわけだが――。

これが、「ノックスの十戒」といわれているものの概略である。これは一九二八年に発表されたものだが、それと全く時を同じくして、ヴァン・ダインが『アメリカン・マガジーン』に「探偵小説の二十則」（一九二八）と題した評論を寄せている。英米両国で、二人のすぐれた探偵作家が、探偵小説に関する規則めいた文章を同時に発表していたことになる。

ヴァン・ダインの本名は、ウィラード・ハンティントン・ライトで、美術評論家として著名な存在であったが、病気治療中に多数の探偵小説を読破し、ついに自分でも創作の筆をとるに到った。その第一作が『ベンスン殺人事件』で、生涯に十二の長篇を送り出している。

ノックスもヴァン・ダインも、いわゆる本格派で、謎を論理的に解明する理知探偵小説の作家であるから、両者の探偵小説観にそれほど差があるわけではない。「十戒」あるいは「二十則」という、作法上の規約にも、おなじような意見が随所に述べられている。

ノックスは、探偵小説を「作者と読者との間に行なわれる競技」としているが、ヴァン・ダインも「探偵小説は知的な遊戯であり、スポーツに類するものだと言ってもよい」と述べて、だからこそ作者は「読者に対するフェア・プレイが要求される」と記している。そこで、探偵小説の作法には、明確な法則が存在しなければならないとして、彼は、自分が読破した作家たちの実作にもとづき、さらには、作家の内なる良心のすすめに従って、この「二十則」を提示したと述べている。

いま、この「二十則」を通読すると、彼の作り出した法則は、ノックス以上に厳密であり、窮屈であり、時には首をかしげたくなるような考え方も散見する。たとえば、

イ　探偵小説に芸術性などは不必要。

ロ　読者の求めているものは文学的装飾ではない。雰囲気に陶酔させたり、物語に無関係な文学談義、冗漫な風景描写などは一切不必要。登場人物の性格描写も、最小限に止めるべきである。

ハ　恋愛や感情描写など、探偵小説には有害無益である。

ニ　探偵小説が扱う犯罪は、すべて個人的なものでなければならない。国際的な陰謀、あるいは政治的犯罪といったようなものは、他の分野、つまりスパイ小説などが扱うべきものである。

「二十則」のうち、いささか極端にすぎると思われる部分だけを略記したが、これは、ヴァン・ダインがノックスと同じように、探偵小説を、作者と読者との間に行なわれる公正な知的スポーツとして捉えていたからであろう。

江戸川乱歩氏は、この二十則を評して、

『素人評論家、素人読者のために書かれた謂わば〝探偵小説初等教科書〟であって、これ

を以て探偵作家の金科玉条とするには甚だしく物足りないのである』

と述べた上で、ヴァン・ダインの作品に触れながら、つぎのように言及している。

だが、これらの〝初等法則〟は、甚だ皮肉にも、ヴァン・ダイン自身の作品によって忽ち裏切られてしまっている。ヴァン・ダインの探偵小説が芸術文学であるとは云わない。併し我々が彼の作品を愛する所以《ゆえん》は、子供だましのトリックのみに在るのではなくて、寧ろ作品全体に漂う何かしら文学的な空気にあることは否めない。ファイロ・ヴァンスの芸術的な性格、行間ににじむ芸術評論家ハンティントン・ライト氏の風格、〝謎々〟に取っては全く無用のものであるあの夥《おびただ》しいペダントリの魅力、そういう謂わば装飾的なものを除外して、彼の探偵小説を考えることが出来るであろうか。ヴァン・ダインのクロス・ワーズは見事な装飾活字で印刷されているのである。（『鬼の言葉』）

この見解は、「二十則」に対する最も正当な評価であろう。

それにしても、と私は思う。現在、巷に氾濫している推理小説の中には、この「初等教科書的」な規約をさえ逸脱した作品のいかに多いことか。それは、初等教科書から、高等教科書へ進歩したのではなく、初等教科書すら理解できない、いわば小学校入学以前の作品にすぎないということである。

私は本書「私論・推理小説とはなにか」の中で、「いわゆる本格ものは、推理小説の楷書である」と記した。楷書を練習することによって、我々は文字の正確な形を学び、筆順を知り、筆の運び方を習得する。行書や草書に移行するのは、そのあとの段階である。

前述したノックスもヴァン・ダインも、いわば「楷書の作家」であった。彼等のペンの滴《したた》りが、推理小説の源泉となり、源流となって、今日の推理小説の大河を生みだしたのである。「十戒」や、「二十則」のもつ、きびしすぎる規約も、彼等みずからの戒律であった。現在、われわれが目にする推理小説、その量産されている作品群の中には、楷書をとびこして、いきなり自己流の行書や草書で書かれたものが多い。文字の形を知らず、運筆の基本も知らぬ、勝手きままな走り書きから、すぐれた推理小説が生れるはずはない。「十戒」や「二十則」は、現代から見ると、古ぼけて色あせた文章かもしれない。しかし、基本に新旧はないのである。むしろ、古いものを知ることによって、新しいものを生み出すことができるのではないか。推理小説作法の終章に、あえてこの古めかしい「十戒」や「二十則」を取り上げた私の意図を理解していただきたいと思う。

なお、鈴木幸夫編『殺人芸術』（荒地出版社、一九五九）には、「ノックスの十戒」と「ヴァン・ダインの二十則」の邦訳が全文掲載されていることを付言しておく。

2　文章について

ごく当たり前のことだが、小説とは、文章で表現される芸術である。推理小説といえども、またその例外ではない。

私はこの『推理小説作法』を書こうと思いたったとき、その中に文体論、あるいは文章論の一章を入れようと考えていた。そのために、何冊かの文章論や、文章上達法、あるいは文章読本といった書物に目を通してみた。この種の書物の大半は、高名な文学者の作品の中から、いわゆる名文と思われるような個所を抜き出して、修飾語や比喩の問題を論じたり、接続詞の使い方を取り上げてみたり、擬声語や擬態語、つまりオノマトペの用法が適切かどうか、といった点を分析的に、それこそ重箱の隅をほじくるように精緻な理論を展開しているものが多い。初心者が、ふと思いついて、なにかの文章を書こうとする際の参考にはなりそうもない。

> 文章というものは、このように自分の言葉をもって対象にせまり、対象をとらえるのであるが、それが出来あがったときには、むしろ文章の方は消え、対象の方がそこにはっきりと浮かび上がってくるというようにならなければいけないのである。

——野間宏『文章入門』（一九六三）

私は、文章に実用的と芸術的との区別はないと思います。文章の要は何かと云えば、自分の心の中にあること、自分の云いたいと思うことを、出来るだけその通りに、且明瞭に伝えることにあるのでありまして、手紙を書くにも小説を書くにも、別段それ以外の書きようはありません。

——谷崎潤一郎『文章読本』（一九三四）

こういう説明を、いくら聞かされても、大多数の読者は、おそらく納得しないであろう。われわれが苦しんでいるのは、「自分の言葉をもって対象にせまり、対象をとらえる」ことが出来ないからであり、「自分の云いたいと思うことを、出来るだけその通りに、且明瞭に伝える」ことが容易でないために、このような文章読本に縋《すが》っているのではないか。この種の書物をいくら漁ってみても、あまり文章上達の役には立ちそうもない、と思った。これが、文章論の一章を、あえて設けようとしなかった理由である。

私もときどき、「文章の書き方を教えて下さい」とか、「どうしたら、うまい文章が書けるようになりますか」といった質問を受けることがある。そういう人たちに、私はいつもこう答えてきた。

「好きな作家の作品を、できるだけたくさん読むことです。多読する以外に、文章上達のコツはありません」

実は、こんど目にした各種の文章読本の中にも、多読をすすめている作者がいなかったわけではない。たとえば丸谷才一氏は、「作文の極意はただ名文に接し名文に親しむこと、それに尽きる」と述べているし、井上ひさし氏の『自家製文章読本』（一九八四）にも、つぎのような一節があった。

ひとつひとつの言葉の由緒をたずねて吟味し、名文をよく読み、それらの言葉の絶妙な組合せ法や美しい音の響き具合を会得し、その上でなんとかましな文章を綴ろうと努力するとき、わたしたちは奇蹟をおこすことができるかもしれない。その奇蹟こそは新たな名文である。

「滑稽な冒険へ旅立つ前に」

丸谷・井上の両氏とも、まず読むことをすすめているが、私の考えとは微妙な差異がある。両氏とも「名文」に接し、「名文」を読めと述べているが、いったい、「名文」とはなにか。だれが、どんな尺度で、これは名文であると決めるのか。第一、読者はどうやって「名文」を探し出したらいいのか。

私がすすめるのは、自分が気にいった作家の作品、自分の肌に合い、自分の感覚にぴったりの作家の作品を、できるだけ多く読みなさいということである。その中には、名文と悪文が混在しているかもしれない。それでもいい。一作家の作品を、できるなら、その作家の全作品を読むことだ。あれこれと、いろいろな作家の作品に手を出すよりも、一人の作家に集中し、その作家に入れ揚げるくらいの気持ちが大切である。

井上氏のいうように初めから「ひとつひとつの言葉の由緒をたずねて吟味」する必要はない。まして、「言葉の絶妙な組合せ法や美しい音の響き具合」などに注意する必要もない。そういうことは、あとの段階である。大切なことは、自分の前に積み上げたお気に入りの作家の作品を、ただ読むことである。面白がって読む。ひたすら読む。読みふける。それが、文章の書き方を学ぶ唯一の方法だと思う。文章上達のコツは、多読する以外にはない。

一作家の作品を読みつづけると、なんとなく、その作家の文章のクセが分かってくる。だから、自分でなにかの文章を書こうとすると、読点の付け方や、行替えの仕方までが、その作家に似てくるようになる。つまり、その作家の文章のクセが、自分にのり移ってくるのである。単なる模倣ではないか、というひともあろうが、私はそれでかまわないと思う。あらゆる芸術的な仕事は、まず模倣から始まるのである。

多読には、もう一つの効用がある。それは、その作家の小説づくりのコツを、自然に会得できるということである。

私は青年時代に、多数の戯曲を読んだ。私の勤め先に、演劇関係の書籍の膨大なコレクションがあり、それを貪るように読んだのである。とくに、真山青果《まやませいか》の戯曲に熱中し、その全集は、再読どころか一部は暗記するほど耽読した。

真山作品の特長は、登場人物AとBの対決する場面において、もっとも生彩を放っている。私の作品に、探偵役と犯人との対決する場面が多いのは、まぎれもなく真山作品の影響である。しかも、この対決は、両者の会話を中心にして進められて行く。これも、私が戯曲を耽読したことの影響、あるいは効用であろうと思っている。

この点を、鋭く見破っていたのが、故人となった石沢英太郎氏であった。推理小説の専門誌『幻影城』が、私の旧作二篇を収録して、別冊特集号を刊行したのは昭和五十一年（一九七六）のことで、その中に、「均衡と……そして型の創造とその持続と……」と題した、石沢さんの土屋隆夫論が掲載されている。私を驚かせたのは、その文章の中の一節であった。すこし長いが、その部分を引用してみる。

> しかし、あえていえば、私は、もっとも色濃く、真山青果の技法を氏の作品のドラマトゥルギーに感じる。
>
> 真山青果のドラマトゥルギーの主調は、AとBとの対立、葛藤にある。自者と他者

がかなでる二重奏《デュエット》である。そして、真山青果の戯曲の中で、もっとも成功しているのが、この技法を簡明に使用した作品である。（中略）

このＡとＢとの対決によりかなでられる二重奏、これが私は土屋隆夫氏の短篇の主調だと考える。

氏の処女作『「罪ふかき死」の構図』から、この構図は一貫して変っていない。というより短篇においては、後期になるにしたがってこの音色がますます澄明になり、冴えてくる。

『「罪ふかき死」の構図』は、Ａという男のところにＢという女がたずねてくるという構成である。この場合、Ａという男は犯人であり、Ｂという女は、その完全犯罪をあばく挑戦者である。
すなわち探偵役である。そして、その真相はＡとＢとの対立する会話の中で進展する。

そしてこの技法は、氏の短編の中で、もっとも多く使われているものである。
しかし、対立技法は、あえて戯曲のドラマトゥルギーというより、むしろ、推理小説の技法ともいえるかもしれない。推理小説からあらゆる粉飾を洗い流せば、犯人と探偵役しか残らないからだ。といって、技法だけで小説は成りたたない。技法がどう生かされているかが問題である。

土屋隆夫氏は、処女作『「罪ふかき死」の構図』から、このAとBとの対立構図を、非常にたくみに謳いあげた作家と私はみる。

まことに鋭い指摘であった。私が演劇の愛好者であり、劇作家志望であったことを、二、三の雑誌の対談やインタビューで喋ったことはある。しかし、真山青果の作品に熱中したというようなことは、だれにも話したことがなかった。それを石沢氏が指摘し、真山作品の影響を、私の作品構成から実証しているのである。私の創作の秘密、私の手の内を見透かされたようなものだ。私は恥ずかしかったが、同時に、おのれを知る人にめぐり会えたような親近感を覚えたことも事実である。

ある作家に傾倒し、その作家の作品を読みつづけることによって、文章も、小説の構成法も、なんとなく似通ってくる。それが、文章の書き方、小説づくりの骨法《こっぽう》を会得する道につながっているのだ。

もっとも、ここで一つだけ言っておきたいことがある。推理小説は、いろいろな文学作品の中で、もっともフィクショナルな要素を持つものである。いわば作り話なのだ。その作り話を、真実らしく見せるために、誇張した表現、大げさな形容詞を多用する作家もいる。しかし、「ああ、なんという恐るべき凄惨な事件であろう」とか、「そのむごたらしい死体を前にして、全身の血が凍りつくような異常な恐怖におののいていた」というような表現は、逆に、その作り話のばからしさを露呈することになる。描写はリアルにすべきであり、筆をおさえた書き方がのぞましい。

3　終わりのことば

私の『推理小説作法』は、これで終わる。以下の文章は、作法を離れた私の感想である。

私は昭和二十四年（一九四九）に、初めて推理小説を書いた。それが『「罪ふかき死」の構図』である。旧『宝石』誌の懸賞に応募して入選したもので、それが、推理小説の世界に足を踏みいれる最初の作品になった。

私は、推理作家を志して、この懸賞に応募したわけではなかった。ただ、一等賞金五万円という、その金額に目がくらんだのである。そのころ、私は郷里の中学校に勤めていた。五万円といえば、私の給料の十倍以上の金額であった。

いわば、金ほしさに投じた原稿が、一席に入選したのである。推理小説を書きつづける気持などまったくなかった。そんな私が、以来四十五年間、推理小説の世界から離れることなく、この道ひとすじに歩みつづけてきたのである。

そして、私の生涯の歩行を、その方向を、決定づけたのが、江戸川乱歩『随筆探偵小説』の一冊であった。この本との出会いがなかったら、私の人生はもっと変わっていたかもしれない。

以前、『信濃毎日新聞』が、「古典に学ぶ」という企画もののページを組んで、あなたの古典はなんですか、と訊ねてきたことがある。求められるままに私はつぎのような一文を草した。

年少のころから、書物には親しんできたほうだが、いわゆる〝古典〟と称するものから、ぼくは多大の感銘を受けたという記憶はない。それらは、史的な意味や、資料としての価値は持っていたが、それだけのものでしかなかったといえるようだ。むしろ、ぼくの人生に、なんらかの影響を与えた書物があるとすれば、それは、古典ともいえないような一冊の随想集であろう。もはや、書店で入手するすべもあるまい。昭和二十二年（一九四七）八月、清流社（この出版社もいまはない）刊行の江戸川乱歩著『随筆探偵小説』がそれである。

この書物は、小諸市の書店で入手した。終戦直後の出版で、粗悪な仙花《せんか》紙に印刷されたこの一冊は、装丁も製本も、現在の書物とは比較にならないけれど、読後の鮮烈な印象は今も忘れ難い。たしかに、一冊の書物の、それもごく短い一編の随想から、あれほどの衝撃を受けたことはなかった。

この一冊は、江戸川乱歩氏が戦後に発表した随筆二十八篇を収録しているが、その中に「一人の芭蕉の問題」と題する一文がある。さきごろ物故した木々高太郎氏は、推理小説芸術論者として知られているが、江戸川氏の一文は「推理小説が至高の文学になり得る」という木々説に対する所感として発表されたものだ。

江戸川氏は、推理小説が、謎や論理性を不可欠の要素とするものであり、その点において、一般文学とは異質の小説形式であることを指摘しながらも、「一口に云えばそれは割り切れるものと割り切れないもの、科学精神と芸術精神とをいかにして有機的に化合せしめんかとの苦悩である」と述べている。さらに「第一流の文学であってしかも探偵小説独自の興味をも失望させないもの。実に実に至難の道である。しかしながら私はそれの可能性を全く否定するものではない。革命的天才児の出現を絶望するものではない」と記し、もともと市井《しせい》俗人の遊びにすぎなかった俳諧を、至高の芸術に昇華した芭蕉の偉業をたたえて、「ここに歴史上の事実がある。革命の先例がある。探偵小説を至上の芸術たらしめる道はあたかもこの芭蕉の道のほかのものではない。常識の予想し得ざるもの。百年に一人の天才児が生涯の血と涙をもって切り開く人跡未踏の国。ああ、探偵小説の芭蕉たるものは誰ぞ」と述べている。

まことに、行間から、江戸川氏の気魄がにじみ出てくるような文章であった。

三十年間、推理小説一すじに生きぬいてきた先達の、この情熱の激しさに、ぼくは、したたかな衝撃を感じた。

いまでも、ぼくの机《き》辺《へん》には、手あかにまみれたこの一冊がある。怠惰なぼくにとって、それは活字の鞭である。

　この一冊は、もとより古典とはいえまい。しかし、この書物との出会いを、ぼくはありがたく思っている。

　ここに記した感想は、いまも変わらない。四十五年間、私を支えてくれたものは、この一篇の随想であった。江戸川作品は、子供ものをのぞいて、小説、評論のすべてに目を通しているが、この「一人の芭蕉の問題」ほど、格調の高い、気魄と情熱のこもった文章はないと思う。

　ところで、この文章の末尾は、木々高太郎氏に呼びかける形で、「好漢木々高太郎果して芭蕉の惨苦を悩むの気魄ありや否や」という言葉で結ばれている。

　その木々高太郎氏に、つぎのような一文がある。彼の直木賞受賞作品『人生の阿呆』（一九三六）を上梓した際、「自序」として同書に付けた、いささか長い序文である。

　その中で、彼は、持ち前の探偵小説芸術論を展開し、「我等は、欧米の風のみを、至上の風とする必要はない。探偵小説の至上の形式は、探偵小説芸術論の思想より出でて、我等の手によって、かえって欧米に教えることになるとしても、また、恐るるに及ばぬではないか」といったような、威勢のいい意見が述べられている。そして、この序文の終末は、つぎの文章で結ばれている。

さて、かくの如くして、作者は、あふるる情熱を一方に持っていると共に、一方にまた、大きな危惧をも持っている。それは、作者の熱心なる努力にもかかわらず、探偵小説芸術論は、遂に、その原理において、またその実績において、全く失敗に終るかも知れぬという、恐れなのである。それは、作者の将来の努力にかかり、あるいは、作者と共感する作家たちの、協力のいかんにかかるのであろうが、よし、敗北に終るとしても、作者は、少しも嘆かないであろう。彼が、心をこめてかくも愛する、探偵小説壇より逐《お》われて、野末の墓にねむるであろうとも、日本探偵小説壇の、来るべき若い時代のために、身をもって教訓の歴史を描くことだけは出来るであろうと信ずるが故にである。

実は、初めてこれを読んだとき、私は、そのいささか青くさい文章に辟易《へきえき》した記憶がある。「野末の墓にねむるであろうとも」というような詠嘆的な口調に、なんと大げさなと、眉をひそめたものであった。

しかし、最近、機会があって、再びこの文章を目にしたとき、当時とは全く違った感想を持ったのである。

木々高太郎氏が、この序文を記したのは、彼が四十歳のときであった。いま、私の年齢は、それに三十数年を加えている。にもかかわらず、青くさいと感じた彼の言葉が、老いた私の胸に、熱い想いとなって伝わってきたのである。たしかに、彼の探偵小説芸術論は、彼の作品の中で実証されることなく終わった。しかし、その気魄と情熱が消え失せたわけではない。彼は「身をもって教訓の歴史」を描いたのである。すくなくとも、私という、一人の人間に対しては——。

私が、こんな感想を抱いたのは、最近の日本推理小説界の中から、乱歩や高太郎のような、情熱と気魄にみちた言論が聞こえてこないからである。

作家も評論家も、推理小説ブームという、ぬるま湯にひたって、ひとときの我が世の春を楽しんでいるような気がするのだ。

どんな作品でも、どんな評論でも、まずは活字になって、そこそこの収入に恵まれる。情熱や気魄は金にならない。なにを好んで、「芭蕉の惨苦を悩む」必要があろう。推理文壇を逐われて、「野末の墓にねむる」より、高級ホテルのベッドにねころんで、ウイスキーのグラス片手に、濡れ場の多いミステリーを、気楽に書きとばしているほうが利口だ、と誰が言ったわけでもないが、そんな言葉が聞こえてくるような気がするのは、モウロクした老人の耳のせいであろうか。

推理小説ブームというのは、一種のバブル現象であって、いずれ崩壊のときを迎えるであろう。しかし、くだけ散った泡の中から、不死鳥のごとく甦ってくる作家がいる。推理小説という、特殊な文学に命をかけた、気魄と情熱の持ち主だけが、新しく誕生してくるのだ。私はそれを信じる。

私は四十五年間、推理小説という一すじの道を歩みつづけてきた。小さな、点々とした足跡が、残っているだけだ。その私の足跡を踏みつぶして、だれかの大きな、しっかりした足跡が、前へ、前へと歩いて行く。踏みこえて行く。つき進んで行く……。

私はいま、その光景を瞼《まぶた》に描きながら、この『推理小説作法』の筆を措く。

ミステリー随想　楽我鬼集

序詞

ここに集めた断片的な文章は、長い作家生活の明け暮れに、ふと思いついたことを——たとえば、「徒然草」の作者が、いみじくも述べているように、『心に移りゆくよしなし事を』、あるときにはメモ帳の余白に、あるときは創作ノートの片隅に、『そこはかとなく書き』のこしておいたものばかりである。順序もなければ脈絡もない。いわば落書きにひとしい雑文だが、それに「楽我鬼《らくがき》」の文字を当てたのは、べつに奇を衒《てら》ったわけではない。

宇野浩二氏は、ひところ「文学の鬼」と呼ばれたそうだが、これは、氏自身が、「小説の鬼」というサブタイトルをつけた作品を発表したことによるものであろう。

しかし「探偵小説の鬼」ということばを、最初に使ったのは江戸川乱歩氏であった。随筆集『鬼の言葉』（一九三六）の序文の中で用いたものである。

氏は、探偵小説というものは、実に不思議な魅力を持っていると言い、マニアックという言葉がしっくりあてはまる嗜好物であると述べたあとで、『この熱狂には何となくただ事でないものがある。憑物《つきもの》がするのに違いないというところから、私は仮りにその憑物を「探偵小説の鬼」と名附けた。探偵小説マニアの身中には「鬼」が巣くっているのだ』と記している。

してみると、私が四十五年間も、推理小説の世界に身を置いて、そこから離れようとしなかったのは、やはり、私の中に巣くっている鬼の仕業であろうか。しかも、私はこの「鬼」を嫌いもせず、怖れもしないばかりか、むしろその存在を楽しんでいたふうがある。この雑文集を「楽我鬼」とした所以も、またそこにある。

いわば鬼の戯言《たわごと》である。評論といえるような、知的で論理的な意見など欠片《かけら》もない。もとより、随筆と称するほどの雅趣に富んだ文章でもない。放言、雑言《ぞうごん》、ときには他人の怒りをかう失言もあろう。しかし、その責めを負うものは私ではない。責任は、私の憑物、身中に巣くっている一匹の鬼にある。

1　立札

推理小説が、謎と論理を中心に捉えた理知の文学である、という説はいかにも尤もらしいが、必ずしも正確ではない。

一般文芸作品にも、謎や論理はふくまれている。ただ、推理小説では、その謎や論理のすべてが、作者によって丁寧に説明されていなければならないということになっている。つまり推理小説とは「説明のある小説」なのだ。音楽や絵画はもちろん、詩歌、小説、戯曲などのすぐれた芸術作品に、作者が説明をつけているようなものは一つもない。しかし推理小説では、この「説明」が不可欠の要素になっている。

推理小説は、生れながらにこの不幸な宿命を背負っていた。彼と芸術とをへだてる垣の前には、「説明者入るべからず」と記した古ぼけた立札が、いまも風雨にさらされたまま立っている。

２　ポオ

エドガー・アラン・ポオ。彼を探偵小説の創始者とする説には、なにびとも異論はないであろう。

彼の最初の探偵小説『モルグ街の殺人』は、一八四一年、『グレアム』という雑誌に掲載された。当時のポオは三十二歳、職業はグレアム誌の編集長であった。つまり、自分の雑誌の発行部数を伸ばすために執筆した社内原稿である。この作品で、ポオが多額の原稿料を手に入れたとは思えない。

この作品は、彼の生存中に二回、アメリカで出版されたらしいが、いずれも売れ行き不振であったという。だから、世界最初のこの探偵小説は、生前のポオには、ほとんど利益をもたらさなかったわけだ。

しかし皮肉なことに、ポオの死後、この作品は世界の各国で繰り返し刊行されるようになった。現在のように、著作権と出版契約がある時代なら、これ一作だけで、作者は莫大な富を手にしたであろう、とヘイクラフトは述べている。

天才とは、いつの世にも、同時代のひとには理解されない存在である。

3　幸福

『古典の作者の幸福なる所以はとにかく彼等の死んでいることである』とは芥川龍之介のことばである。『モルグ街の殺人』は、推理小説の古典となった。すると、ポオにとって最大の幸福は、彼がすでにこの世を去っているということであろうか。仮に、彼が生きていて、『モルグ街の殺人』を書き、どこかの雑誌の懸賞に応募したとしても、おそらく佳作どまりで、一位入賞はおぼつかないであろう。

しかし、だからといって、探偵小説創始者としてのポオの栄光と、名誉ある地位が、いささかもゆらぐものではない。

4　一流と二流

地方の講演会では、終わってから宴席に招かれることがある。講師をダシにした、主催者側の役得であろう。

酒がまわり出すと、出席者たちの私語がだんだん声高になって、面白い会話が、こちらの耳にとびこんでくる。

「一流の作家と二流の作家は、どういうところで区別されるのかなあ」

「名前だけで通用するのが一流。姓と名前をつづけて呼ばれるのが二流ってところだ」

「たとえば？」

「まず漱石だな。いちいち夏目漱石なんて言わねえだろう。それでもパッと通じるんだ。鷗外もそうだな。子規、藤村、啄木……」

「うむ。一葉、露伴、鏡花もいるな」

「みんな一流だから、名前だけで世間に通用しているんだ」

「今日の講師はどうだ」

「隆夫じゃ通じねえな。土屋隆夫でもあぶねえもんだ」

「バカ。でかい声出すな。そうすると、推理作家にゃ一流はいねえのかな」

「いるさ。乱歩。乱歩だよ。こりゃ超一流だぜ。名前だけで通じるのは、このひとだけだ」

聞いていた私は、思わず膝をのり出した。おッ、出た、出ましたね、よう、そこの若いひと、もっとこっちへ来てくれ。さ、すしを食いねえ、酒を呑みねえ、おめえ信州の生れだってねえ、と虎造ぶしの一節が出そうになるのを笑いながらこらえて二人の会話に聞き入っていた。あの好青年には、もういちど会いたいと思っている。

5 選択権

読者は、自分の好きな作家の中から、気にいった作品だけを選んで読むことができる。

しかし作家は、自分の作品の読者を選ぶことはできない。

書物の選択権が、常に読者だけにあるということは、いささか不公平ではないか。

作家に与えられている選択権といえば、たった一つ、書くか、書かないかということだけだ。それ故に、私はこの権利を、もっとも効果的に利用してきた。

6 作家

作家というものは、ある円周上を駆けつづける孤独なランナーに似ている。

彼は、処女作からスタートし、また処女作に戻ってくる。

7 批評

『作家にとっての悲劇は、「定評」によって固定化されることだ。批評の虚妄は、限定によって裁断することだ。たといそれが一面の真実を語る場合でも、なお指の間から洩れてゆくものへの焦燥感を伴わねばならないはずである』——亀井勝一郎氏は「太宰治の人と作品」の中でこう記している。

私なども長い間、「推理作家の本格派」という定評の中で、固定化された批評の対象になってきた。しかし、そのことが、亀井氏のいうように「悲劇」であると考えたことは一度もない。私に対する批評の中には、悲劇どころか、ときには腹をかかえて笑い出したくなるような喜劇性もあったから。

8　ひまつぶし

鷲　おい、たまには大空をとんでみろ。下界のようすが一目でわかるぞ。
土竜《もぐら》　ふん。土の中の世界など、少しもわかっちゃいないくせに。
批評家　○○、○○○○○○○○。○○○○○○○○。
作家　××、××××××××。××××××××。

右に記した○と×の中に適当な文字を入れて、面白い会話を作って下さい。数十、数百の会話が、たちどころに生れてきます。それに飽きたら、評論家・作家を、俺・恋人。ポン引き・酔っぱらい。悪女・テレビ局。夫・妻。税務署・納税者などに変型して、心ゆくまで楽しむことができます。思わず時のたつのを忘れるほど、これは知的でスリルに富んだひまつぶしです。いちどやったら、必ず病みつきになること請合いです。

9　金字塔

金字塔とはピラミッドの別称である。その形が、金の字に似ているところから、こういう言葉ができたらしい。すぐれた著作や、学問上の不滅の業績が、金字塔と呼ばれる場合もある。

　某地方新聞社が、編集記者の採用試験に、いくつかの熟語や慣用句をあげて、その意味を述べよ、という問題を出したことがある。「金字塔」もその中に入っていたが、大学卒業生の六割が正確には答えられなかったという。

　そのとき、不合格にはなったが、試験委員を感動させた解答は、つぎのようなものであった。

「金字塔――ポルノ小説や推理小説の流行作家が、原稿用紙に書きとばした文字を金にかえて、城のようなりっぱな家をたてること。またその建物をいう」

　こういう豊かな想像力を持った受験者が、合格しなかったのは残念である。

10　貧富の歌

『短かくて生命《いのち》絶ゆともひたぶるに　歌三千首詠まんとぞ思ふ』――渡辺順三氏の「貧乏の歌」と題した歌集の中の一首である。

　なお、刊行はされていないが、ある作家の「富裕の歌」と題した歌集には、つぎのような一首が収められている。

『長らへて税金増《ふ》ゆともひたぶるに　本三百冊出さんとぞ思ふ』

渡辺氏は、貧乏を燃料にして、作歌への意欲を燃やしつづけたのであろう。いっぽう「富裕の歌」の作者は、富と虚名へのあこがれをバネにして、三百冊出版への目標に向かって走りつづけている。

私のような怠惰な人間は、この両者の「ひたぶる姿」に、ただただ感動するばかりである。

11　地方区

私の作品集を、ある文庫本に入れたときのことである。

先方の編集者から電話があって、巻末に解説を付けるが、ご希望の解説者がありますかということであった。そこで私は、あるひとの名前をあげた。電話の向こうで、編集者は考えこんでいるようすであったが、「あのひとは、まずいんじゃありませんか」という言葉が返ってきた。

「どうしてですか」と私は訊ねた。

「つまり……あのひとはまだ地方区ですからね。やっぱり全国区のひとでないと……」

彼はこう言って、別の名前をあげた。最終的には、編集者の意見に従ったわけだが、実におかしな気分であった。

解説者にも、全国区と地方区があるのか。そういう表現が、マスコミの世界では、日常的に使われているのであろうか。

私があげた人物は、たしかに、一流の大新聞とか、週刊誌などには、殆ど登場していない。一般にはあまり知られていない名前だが、書くものはしっかりしている。そういうひとが、マスコミの世界では地方区の扱いを受けているのである。

そうすると、信州の山奥に居を構えて、この地を一歩も離れず、大新聞や週刊誌などにも、華やかに登場したことのない私などは、まさにレッキとした地方区の作家ということになる。

「こんどの特別号に、土屋隆夫を使ってみますか」

「やめとけよ。特別号ともなれば、やっぱり全国区の作家でなけりゃ……」

こんな会話が、編集会議の席上で、いくど交わされたことであろう。

全国区とか地方区ということばは、参議院の選挙制度から生れたものである。しかし、と私は思うのだ。全国区の選出議員の中には、いわゆる浮動票をうまく取り込んだ人物が多いのではないか。職業的な政治家や官僚などに反感をもつ国民が、こんどは毛色の変わったやつにいれてみるか、と一票を投ずる。漫才師、落語家、講釈師、女優、レスラー、アナウンサー……彼等が上位で当選したのは、これら面白半分の浮動票がかなりあったものと思う。まさか、投票者全員が相手の政治的手腕や、力量を評価したわけではあるまい。全国区の作家になるためには、この浮動票を集めなければならない。しかし、ベストセラー作家を「全国区」と見るのは、編集者の錯覚にすぎない。それは、作品の本質とはかかわりのない、単なる浮動票の幻なのだ。地方区、おおいに結構である。

（註・こういう意見を〝負けおしみ〟というらしい。手もとの広辞苑で調べてみたら、「負けたのをくやしがってことさらに強情を張り、負けないと言い張ったり、弁解したりすること」とあった）

12　なぞ

とればとるほど　とられるもの　なーに。

日本を、文化国家だと信じているひとには、この謎は解けない。正解は「作家と国税庁」である。

13　自転車操業

現代の日本には大人の読む文学、或は老人の読む文学と云うものが殆んどないと云ってもよい。（中略）殊に所謂純文学を読むのは十八、九から三十歳前後に至る間の文学青年共であつて、極端に云えば作家もしくは作家志望の人たちのみである。

谷崎潤一郎氏の「芸について」の中の一節である。文中の「文学」の字句を、「推理小説」に置きかえて読めば、氏がこれを発表した当時（昭和八年・一九三三）の文壇の状況と、現代の推理小説界の状況とが、あまりにも酷似していることに一驚する。

たしかに、現在の日本には、大人の読む推理小説、或いは老人の読む推理小説というものは、殆どない。絶無とはいわないまでも、ごくわずかな作品だけが、どうやら推理小説ずきの大人を満足させているといった状態である。

なぜ、こうなってしまったのか。理由はいろいろあろうが、一つは商業主義の悪弊であり、一つは、その商業主義に抵抗し得なかった作家側の怯懦《きょうだ》にある。長くなるから説明は省くが、結論的にいえば、出版社と作家の双方が、自転車操業をつづけてきたということだ。

自転車は、ペダルを踏むことによって走り出す。走り出したら、ペダルを踏みつづけなければならない。踏むことを止めたら、とたんに自転車は失速して倒れてしまうからだ。

推理小説の新刊本が、毎月洪水のように書店へ流れこんでくる。小さな書店では置き場所もないほどだ。ちかごろの新刊本は、週刊誌なみの扱いだから、書店のほうも売れないと分かればすぐ返本してしまう。出版社はあわてて次なる新刊本をドッと送り出す。また返本する。一種のいたちごっこだが、ペダルを踏みつづけなければ、会社の運転は失速して、倒産ということにもなりかねない。この不安感の故に、出版社はつぎつぎと新刊本を作りつづけ、送りつづけている。

作家のほうも、当然、この騒動にまきこまれてしまう。一作を書き上げれば、すぐに次の作品を、と出版社からの声がかかってくる。たいした才能があるわけでもなく、すでに息切れはしているが、注文を断ったら、忘れられてしまいそうな気がする。自分だけが置き去りにされてしまうのではないか。この不安感の故に、とにかく原稿用紙を開いて、もうろうとした頭に浮かんだ思いつきを、やみくもに書き出すということになる。推理小説とは名ばかりの、支離滅裂な内容でも、なんとか一冊の書物になる程度の枚数に、文字を埋めさえすればいいのである。彼は必死になって、ペダルを踏みつづけなければならない。

ミステリーロードを、懸命に走りつづける二台の自転車。出版号と作家号――。

彼等の走り去ったあとには、荷台からこぼれ落ちた夥しい数の推理小説本が、地上に散乱して、風雨にさらされたまま、ひっそりとうずくまっている。あなたが、その中の一冊を拾い上げて、ページをめくったとしよう。

傑作にめぐり会えたか。

凡作に失望したか。

それは、あなた自身の運命に関する問題であるから、易者でもない私が口にすべきことではない。

14　偶感

ある種の推理小説は、若い女性の下着に似ている。流行をとりいれ、お色気と遊び心を満足させるようなアクセサリーをつけ、体裁《デザイン》は単純《スケスケ》、飽きたらポイと捨てられる。

15　やせない話

大手拓次は、群馬県の生んだ詩人である。妖異な幻想に、官能の衣をまとった彼の詩は、一部具眼《ぐがん》の士からは、日本のボードレエルと称《たた》えられていた。現実と超現実、日常と非日常との境をとりはらって、幻想の密室の中で言葉の燐火《りんか》をもやしつづけた詩人大手拓次。彼の詩は、その難解さと抽象性のゆえに、多くの理解者を得ることができなかったのであろう。私の作品『盲目の鴉』は、彼の詩の題名を、そのまま借用したものである。

その大手拓次が、親友の逸見亨氏に送った手紙の中で、つぎのように述べている。

詩は、吾等ののぞむ詩は全然新しいものです。だからして、もっと破格に、大胆に、あたかも自分の血と肉とを叩きつけるようなものをつくってゆくことが最も正しい径路です。

あなたの肉の一片、血の一しずくをしぼり出すような意気込みでやるのです。だからほんとうの詩を作ると痩せます。

私がこれを知ったのは、『盲目の鴉』を執筆したとき、資料として入手した生方《うぶかた》たつゑ氏の『娶《めと》らざる詩人』を一読した際である。

私も、ほんとうの作品を書いたら痩せるかもしれない。そう考えた私は、書き上げた直後に体重を測ってみた。五十三キロ。私の当時の平均体重である。痩せてはいなかった。

それから何年か経って、私は心筋梗塞の発作で倒れ、二カ月半の病院生活をすごした。退院後に書き上げたのが『不安な産声』である。そのときも、私は体重を測定した。五十五キロ。なんと私の体重は二キロも増えていたのである。

私が、自分の「肉の一片、血の一しずくをしぼり出す」ことなく、「ほんとうの作品」を書かなかったせいであろうか。体重計の針を見ながら、私は大手拓次に顔向けができないような、気恥ずかしさを感じていた。

16　真実

事実は小説よりも奇なりといわれている。しかし、私はひそかにそれを疑問に思っていた。推理小説という作り話に、生涯をかけてきた私は、「小説は事実よりもなお真実である」という思いを捨てきれない。いや、そう思えばこそ、私は飽きもせずに虚構の物語を書きつづけてきたような気がする。

17　コンテスト

推理小説の年間ベストテンを選ぶというような催しが、週刊誌や雑誌でときどき行なわれている。これは、ミス日本だのミス着物、さてはミス温泉やミスりんご、ミス水着などという美人コンテストと、いささかも変わるところがない。尤も、ミス日本やミス水着などのコンテストには、美貌はとにかく、自信だけはタップリ持っている若い女性たちが、いそいそと応募してくるらしい。しかし、推理小説のベストテン選びに、ぜひ自分の作品を、と応募した作家は一人もいない筈である。つまり、こちらのほうは、応募者不在のコンテストだ。

週刊誌や雑誌が、本の売れ行きを伸ばすためのお祭りさわぎだが、作家のほうは、否応なしに、このお祭りに参加させられる。

引き出された山車《だし》の上に、心血をそそいだ作品が投げこまれて、町内をねり歩き、最後は、観衆の見まもる中で、ホラ、こいつが一位だよ、こっちは二位か三位だな、おっと、こいつは落選、等外だよ、と山車から放り出されるものもある。

作家にとっては、災難としかいいようがない。尤も、山車にのせてもらっただけでも嬉しいよ、というひともあろうが、中には、不快に思う作家もいるに違いない。一位になってもビリになっても、主催者から葉書一枚の挨拶があるわけでもなく、ミス日本の入賞者が、世界一周旅行券や、ピカピカの新車だのと、賞品をゴッソリ手に入れるのに反して、ベストテンのほうは、掲載誌すら送ってこないところがある。

ある作家が、そのやり方に批判めいたことばを洩らしたとたんに、「無礼者！　これが目に入らぬか」と、いきなり印籠《いんろう》を突きつけられたそうだ。よく見ると、その印籠には、葵の紋のかわりに、マスコミという文字が刻まれていたという。この話、真偽は不明である。

18 縊死

『倒れて後止むという古い言葉を我々は頑固に守らなければならず、文芸というような仕事が上っ滑りに滑り易い仕事であることを知っていなければならず、多少の名聞《みょうもん》や生活の経済的安定やのために、態度をぐらつかせるようなことがあったら、縊《くび》って死ぬべきであることを弁《わきま》えていなくてはなるまい』――中野重治氏の「素朴ということ」と題したエッセイの一節である。

かりに、氏の意見が実行にうつされたら、現在の文芸家協会や、推理作家協会の会員数は、かなり減少するであろう。

しかし、数十、数百にのぼる作家や評論家の縊死体が、国内のいたるところで発見されたというような報道に、われわれがまだ接していないのも事実である。まことに欣快《きんかい》というべきであろう。

19 辞世

どん栗の落ちて虚しきアスファルト

横溝正史氏の辞世の句である。氏は、七十九歳で亡くなられたが、その前年に自ら「辞世」と題した一文を認《したた》め、「この際辞世を作っておこうとひねり出したのがつぎの一句である」と記して、この句を残されている。

氏は、ご自身の人生を、どん栗にたとえられたのであろうか。どん栗は、カシ属の果実で、俳句では秋の季語になっている。「どんぐりの背くらべ」でも判るように、とかく平凡なもののたとえに使われるが、氏の生涯が、凡俗なものであったとは思えない。句の真意は、むしろ「落ちて虚しきアスファルト」にあろう。

木から落ちた果実は、本来ならば、肥沃な大地の中に根を生やし、葉を茂らせ、再び亭《てい》亭《てい》たる大木に育ってゆく。それが自然界における転生輪廻《りんね》の姿である。

しかし、アスファルトの上に落ちたどん栗は、そこに芽ばえて根を張り枝をのばすことはできない。虚しく路面に転がったまま、生命の終わる日を待つだけである。

戦後の横溝氏が、病軀《びょうく》を押して、本格推理小説にとりくんできた姿は、まさに壮絶ともいえるほどすさまじいものであった。推理小説の大樹、横溝正史の世界を、だれが自分にかわって受けつぎ育ててくれるのか。そう考えたとき、氏の目に映じた光景が、アスファルトの路面に転々とする一粒のどん栗だったのであろう。この想像を伸ばせば、そのとき、氏の脳裡には「此道や行人《ゆくひと》なしに秋の暮」と詠じた芭蕉の句が、かすかに揺曳《ようえい》していたかもしれない。

私の創作ノートの余白には、「横溝正史先生辞世」としてこの句を記し、合掌の二文字が書き添えてある。

20　一本の花

僕等はたとい意識しないにもせよ、いつか前人の蹤《あと》を追っている。僕等の独創と呼ぶものは、僅かに前人の蹤を脱したに過ぎない。（中略）昔から世界には前人の造った大きな花束が一つあった。その花束へ一本の花を挿し加えるだけでも大事業である。

——芥川龍之介は、あるエッセイの中にこう記している。

一本の花がほしい。創作をするものにとって、これは痛切な願いである。花は、どこに咲いているのか。前人の花束に添えても、見おとりのしない色と形と香りを放つ一本の花——。

旅に生き、旅に死んだ芭蕉の人生も、この一本の花を求めるための漂泊ではなかったか。彼の前には、常に西行《さいぎょう》の花束があり、宗祇《そうぎ》の花束があった。しかし、芭蕉の旅の成果は、数十本の花を手にいれて、自らの花束を作ったことにある。そして、後代の俳人たちは、彼の花束に挿し添える一本の花を求めて、いまだにさまよい歩いている。

尤も最近では、花がほしかったら造花というテもあるさ、このほうが見てくれもいいし、だいいち安あがりだからな、とうそぶく人もいないわけではない。もちろんこれは、推理小説の世界にも当てはまることである。

21　一すじの道

芭蕉の「笈《おい》の小文《こぶみ》」は、貞享四年（一六八七）、彼が四十四歳の秋十月、江戸を出発して尾張に旅し、一旦帰郷して年を越し、翌年の二月、伊勢参宮から吉野の花を見、奈良、大阪から須磨《すま》・明石《あかし》をまわった約六カ月にわたる旅の記録である。

その冒頭の部分で、芭蕉は自分の心境を語っている。要約すれば、次のようなことだ。

——自分（芭蕉）は、長い間俳諧のようなものを好み、ついにそれを生涯の仕事とすることになった。しかし、時にはそれもいやになって止めようかと思ったこともあり、また逆に、うまい句を作って他人に自慢してみたくなったりもした。あれこれと思い悩んで、心身ともに落ちつかない日々をすごした。人なみに、立身出世をしようとも思ったが、俳諧に対する執着心のためにそれもできず、学問に打ち込んで、自分の愚かさを悟ろうとしたが、これも俳諧への思いをすてきれずに、むなしい願望に終わってしまった……。

彼はこう述べたあとで、『ついに無能無芸にして只此一筋《ただこのひとすじ》に繋《つなが》る』と記している。

私もまた、推理小説のようなものを好み、それを生涯の仕事とした点では、芭蕉に似ていなくもない。時にはそれがいやになったこともあり、逆に、大いに傑作を書き上げて、みんなに自慢してみたいと思ったこともある。もちろん、なにかの職に就いて人なみの出世を夢みたこともあるが、結局は推理小説への思いを捨てきれず、筆一本に身を托して今日まで生きてきた。ここまでのところは、芭蕉の生きざまに似ているともいえよう。『此一筋に繋る』という点に関する限りは――。

しかし、私と芭蕉とを隔てるものは、まさに『此一筋』にあった。芭蕉は、この一すじの道を歩んだ結果、俳句の革命児となった。いわゆる蕉風の確立である。滑稽卑俗の談林的手法から転身して、俳諧に新風をもたらした。十七字の活殺《かっさつ》の中に、天地の万象を凝縮し、人間の諸相を描破《びょうは》し得ることを証明したのだ。それは、万葉以後の詩人が、だれもなし得なかった快挙である。芭蕉の一すじの道の果てには、この輝かしい成果があった。

かえりみて、私の場合はどうか。なにを残し、なにを世に問うことができたか。歩んできた一すじの道を、落莫《らくばく》たる秋風が吹いているだけである。

さらに、芭蕉は自らを「無能無芸にして」と言っているが、これは彼の謙遜ではない。一種のポオズであり、「エエかっこうしい」の表現と見るべきであろう。むしろ、彼は無能無芸であることに、ひそかな誇りを持っていたのではないか。俳諧に生命をかけた男の、自信にあふれたことばである。彼は胸を張って、おのれの無能無芸なることを昂然と宣言したのだ。だからこそ、俺は俳諧にわが生涯を投じて悔いはなかったのだと。

再び、かえりみて私の場合はどうか。「無能無芸」であることには、いささかの掛値もない。だからこそ、私は仕方なしに、この一すじに縋《すが》り、この一すじの道を、よろよろと歩んできただけだ。

人間の外見的な相似は、その本質とはなんのかかわりもない。これが、四十五年間をかけて私が得た結論であった。なんともさびしい話である。

22 二銭銅貨

江戸川乱歩氏が処女作『二銭銅貨』を発表したのは大正十二年（一九二三）であった。その当時の二銭銅貨一枚が、後年、日本の推理小説界に、数億、数十億円の利益をもたらす「元金」になろうとは、まさか氏も予期していなかったに違いない。

しかし、この処女作が、氏の生涯の呪縛となったのではないか。後に、『黄金仮面』や『白髪鬼』などの、大衆向けに書かれた作品の成功によって、氏は名声と富を手に入れたが、それとても、『二銭銅貨』が初めて雑誌『新青年』に掲載された日の感激や喜びに勝るものではなかった。大衆向けの作品を、氏は自分の「売文主義」「通俗チャンバラもの」

と言い、そうした作品がもてはやされるたびに「私の癖の熱病のような劣等感におそわれる」と述べている。

氏の『探偵小説四十年』には、「長篇探偵小説というものをまだ一つも書いていないので、一篇だけでも書いておきたいという気持は絶えず持っていた」という記述がある。つまり、百万の読者に歓迎された過去の作品を「長篇探偵小説」とは氏自身が考えていなかったのである。

英米のすぐれた本格探偵小説に匹敵する作品を、自分の手で完成させたい。これが、氏の生涯を通じての願望であった、と私は見る。その願望の原点に、『二銭銅貨』がある。これは純粋な探偵小説であった。この処女作を超えるものでなければ、真の長篇探偵小説にはなり得ない。しかし、処女作を発表した当時の、もえたぎる野心や情熱が再び戻ってこない。そのもどかしさと苛立ちが、常に氏の胸中にあった。一枚の『二銭銅貨』の重圧感！氏の生涯を呪縛したものは、この処女作の重さではなかったか。

氏の随筆の中に、自分は眼高手低の人間であった、というような記述が、しばしば見られるのもそのためであろう。氏ほど正直に自分を語り、自分を告白したひとはいない。江戸川乱歩氏は、だれよりも良心的な作家であった。良心とは、いつも苦悩と悔恨の衣をまとっているものである。

23　亡びざるもの

ポオが死に、ヴァン・ダインが死に、クイーンが死に、乱歩が死に、正史が死んだ。しかし、推理小説は死なないであろう。彼等が落とした無数の種子は、推理小説の大地の中で、萌芽のときを待っている。

附篇

インタビュー

現役最高齢の推理小説作家

（聞き手・今津良一）

――推理作家としてはかなりご高齢です。

土屋　物好きな知人が調べたそうです。九十五歳の現役ミステリー作家はいるかな、九十歳はどうだろうって。調べてゆくうちに、土屋さん、八十七歳のあなたが現役最高齢でしたよ、と。自分では高齢だなんて思っていません。が、現役ということなら、つい先日も『物狂い』という標題の推理小説を書き下ろしたばかりですけど。

小説を書きはじめて五十五年になりますが、最近驚くのは、私よりはるかに若い作家が年に何冊ものペースで出版していたり。「刊行作品三百点突破」だのと、すごい広告が躍っていることです。どうしたらそんなに書けるのか。私なんか、文末を「～だった」で終わるか、「～であった」で終わらせるか、そこだけで半日ぐらい考えこんでしまう。どっちで終わっても、読者は気にも留めずに読み飛ばしてしまうところですが、ただ自分だけがやたらにこだわっている。病的な遅筆です（笑）。

――若い頃から推理作家になろうと。

土屋　いえ、推理小説には全然興味がありませんでした。私の親父は教師だったのですが、親父の兄弟は判事と弁護士でした。親父は教師より法律家のほうがいいと思ったのでしょうね、私に法律家になるようにと。いわれるままに、なんとなく法学部へ進みましたが、いまひとつ勉強に身が入らない。

　私が二十歳そこそこだった昭和二十年（一九四五）頃。浅草をブラブラしていて目に入ってきたのが、活気あふれる「オペラ館」や「金龍館」などの劇場でした。そして、そこへ押し寄せる観客の波……。こんな劇場の座付作者になったら、女優や踊り子にさぞかしもてるんじゃないかと、憧れてね。その頃、雑誌の原稿募集に応募し、入選したこともあったから、余計そんな気になったのでしょう。永井荷風もよく見かけました。彼は劇場の楽屋口にスッと消えてゆくんです。おそらく踊り子が着替えをしている楽屋へ行って、お菓子なんかを振る舞うのでしょう。俺もあれをやってみたいと、妄想ばかりふくらんじゃって（笑）。結局、楽屋へ入ってゆく勇気はなかったですけど。

――座付作者の道は諦めたのですか。

土屋　とにかく劇を書きたかった。それからしばらくたった昭和十七年（一九四二）でした。もう勤めに出ていましたが、松竹に歌舞伎検討会というのがあって、歌舞伎脚本を募集していました。それに応募すると、二席に入っちゃったんです。選考委員の河竹繁俊さんに、「君は大丈夫。劇作家になれるから歌舞伎の脚本を書きなさい」と激賞されて、本気で劇作家になろうと思いました。

そのとき貰った賞金は千円。当時の千円といえば、いまの百万円以上の価値はありましたね。そんな大金を若い独り者がもってしまった。戦雲は急を告げるし、いつ召集令状が来るかわからない。もう、ばかばか使いましたよ。夕方になるとソワソワして、自分の部屋なんかいられない（笑）。都心に近い神楽坂あたりの芸者を呼んで、ぺんぺん弾かせて躍らせても、二十円ぐらい。浜町、白山、浅草、深川と、都内のあっちこっちの遊里に足繁く通いました。愛だの恋だのは禁句の暗い時代でしたが、懸賞金のおかげで、私は束の間の華やいだ時を過ごしました。

――結局、召集令状は来なかったのですか。

土屋　来ました。来ましたけれども身体検査のときに軍医が、「お前、胸に影があるけど何か病気したことあるか」と。しめたと思って、はい、実は肋膜炎《ろくまくえん》を患いました、と適当な病名をいうと、「そうだろう。お前はもう家へ帰って、お国のために奉公せよ」と。ここで喜んで帰っちゃだめなんです。自分は大勢の村人に送られて、身命を捧げるつもりでまいりました。これで帰ったら、村人たちにどんな仕打ちを受けるかわかりません。軍医殿、ゴミ拾いでもなんでもやりますから、帰さないでください、と大芝居を打った。すると案の定、「いや、お前の気持ちはよくわかる。だが、ご奉公の方法はほかにもある。郷里へ帰って一生懸命働け」。もう飛び上がるほど嬉しかったですね。その後、徴用で引っぱられましたが、ほどなく終戦を迎え、いま私の住んでいる長野県立科《たてしな》町へ戻って来ました。

　すると、ひょんなことから芝居小屋と縁ができたんです。隣村に、事業に成功した人がいて、劇場を建てた。だが、どうやって芸人を呼ぶのかわからない。途方に暮れているときに、どうも私が東京で芝居に関係していたという噂が耳に入ったらしい。私の家へ来て、劇場の支配人をやってくれ、と。

――でも、そんな田舎じゃ、芸人も来ない。

土屋　ところが、私が東京にいたときに松竹とつながりがあったでしょ。それを糸口に有名芸能人、たとえば徳川夢声《むせい》とか落語家でいえば古今亭志《し》ん生《しょう》とか、そういう一流の芸人を呼べたわけです。なぜ呼べたか。米があったからですよ。当時、彼らは出演料なんか要らない。それより米が欲しかったんです。だったら肉も差し上げましょうと。ウサギやニワトリを飼っている農家も多かったから。歌手では、人気絶頂の東海林《しょうじ》太郎や霧島昇《きりしまのぼる》も来てくれました。劇場の中に宿泊施設がありましたから、そこで米も肉もふんだんに出します。左党には、どぶろくをたらふく飲ませました。

　得をしたのはこの近所の人たちでしょう。普通は見られない一流の芸能人を、こんな田舎でほとんど見られたんだから。でも食糧事情がよくなってくると、中央の芸人はさっぱり来なくなった。ドサ回りの劇団ばかりでは面白くないし、客は遠のくし、これじゃジリ貧だと、仕事に見切りをつけました。

——次の就職口の当てがあったのですか。

土屋　いいえ。ところが運がよかった。昭和二十二年（一九四七）に学制改革があって、新制中学ができたんです。校長先生が私のところへ訪ねて来て、中学校を作ったんだけど先生のなり手がいない、というんですよ。とにかく大学を出た人間がほとんどいない。第一、男は戦死しちゃってあまりいないんです。「頼むから来てくれ」と頭を下げられましてね、こちらも劇場は辞めたし、金もないので、思い切って学校に勤めることにしました。教える教科はどうするかという話になって、私は大学でイギリスの法律をやったので、英語の法律書を読んだことがあるというと、それなら英語の教師に、と。成り行きで英語の教師にさせられてしまったのですが、私ぐらいの年齢の者は英会話が全然できない（笑）。えらく苦労しました。

——推理小説はどんなきっかけで。

土屋　三十歳で中学の教員になったのですが、二年経っても月給は五千円に届かないんです。その頃、岩谷書店の『宝石』という雑誌が推理小説の懸賞募集をしましてね。入賞賞金は五万円。私の月給の十倍以上です。すっかりカネに目がくらんで（笑）、急いで『宝、石』に掲載されている一流作家の推理小説を読んでみると、これなら自分にも書けるかもしれないと。夏休みに、裸でねじり鉢巻きで書き上げたのが『「罪ふかき死」の構図』という短篇。初めて書いた推理小説でしたが、これを懸賞に投ずると一席に入選したのです。昭和二十四年（一九四九）、三十二歳のときのことですが、入選と同時に別の作品も書いてほしいという依頼を受けました。次を書けばまた原稿料が入ってくる。そのうちにあっちの雑誌、こっちの雑誌と、少しばかり名が知れたのか、注文が舞い込むようになりました。

――その頃はまだ長篇はお書きにならない。

土屋　そうですね。数年間は短篇ばかり書いていました。あるとき東京へ修学旅行に行ったときのことです。夜、生徒たちを寝かせてから、評論家として売り出し中だった中島河太郎さんに会いに行きました。すると「土屋さん、作家になりたいと思うなら、長篇を書かなきゃ駄目だ」といわれたんです。そうか長篇か、と意気込んで取り組んだのが昭和三十二年（一九五七）に発表した『天狗の面』という作品。私の作品のなかで、これだけは実際のモデルがあります。

　私がまだ子どもの頃ですが、《お天狗さま》と呼ばれる占い屋さんがいました。この人のいうことが、実によく当たった。なぜ当たったのか、ああいう能力が何なのか、いまだにわかりません。そして、もうひとつのモデルは新興宗教です。当時私の周りに、新興宗教が流行りましてね。信者同士のやり取りをみていると、新入りの信者は幹部の人に、まるで軍隊のように服従している。これが政治に結びついたら票の行方はどうなるのかと、不安に思いました。それで政治と宗教と占いの癒着を、社会派的視点で推理小説に初めて取り入れた。それが『天狗の面』です。松本清張さんは社会派の元祖みたいにいわれていますが、私にいわせれば、俺は清張さんより先に社会派の推理小説を書いていたんだぞと。ただ清張さんは看板が大きいから、こっちの看板がぜんぜん目立たない（笑）。

――よく練り上げられた作品が多いです。

土屋　そうだと嬉しいんですけどね。私は、これだったら人に読んでいただいてもいいかな、と思う作品ができたときだけ、公にするようにしています。これまでに短篇をおよそ百篇、長篇を十二篇ほど書いてきましたが、だいたい推理作家というのは、円周上を走っているランナーみたいなものですね。スタート地点を飛び出して途中サスペンスとか、ホラーとか、スリラーとか、いろいろな形式の作品を書きますが、やがてひと回りして最初のスタート地点に戻って来ます。私は本格推理で出発しましたから、今度の『物狂い』も本格推理に仕上げたいと強く意識して書きました。作品には、ちょっとした仕掛けもあります。先ほど触れた、私の最初の長篇『天狗の面』には探偵が登場します。今回の作品には、その探偵の息子が出てくる設定です。円周をひと回りしてから処女長篇を乗り越えるのは、容易なことではありませんが、志が衰えるのがいやで、あえて挑みました。

――目標とする方はおられますか。

土屋　尊敬する作家は江戸川乱歩です。私が推理小説にこだわり続けているのも、乱歩の檄《げき》ともいうべき文章に触発されたからです。文の趣意を要約すると、「松尾芭蕉は市井の遊びに過ぎなかった俳諧を、最高至上の芸術に高めたではないか。ああ、探偵小説の芭蕉たるものは誰ぞ」と呼びかけているのですが、その言葉は今も私の胸に痛切に響いています。

　乱歩さんに直接お目にかかったのは、『天狗の面』に序文を書いていただこうと思って、お宅へお訪ねしたときです。無名の田舎者にもちゃんと会ってくださって、快く引き受けてくれました。あの方は、若い人を育てるのに熱心でした。『宝石』の版元がつぶれそうになったときなんか、作家への原稿料の支払いを私費でやったような人ですから。

――懇意な作家はどなたですか。

土屋　親しかったのは、一昨年亡くなった鮎川哲也です。彼は他人の家には絶対に上がらないといわれた人ですが、私の家には平気で来ていました。女嫌いの噂もありましたが、あるとき結婚することになった。その新婚旅行に、私について来いっていうんです。鮎川は女を知らない、と陰口をいう人もあって、その噂を私も信じていましたから、私が同行すれば安心できるのかなと。それで一緒の旅館に泊まりました。彼らは二階に、私は下の部屋に泊まったのですが、なんとも眠れない晩でしたね。今頃なにをやっているのかと（笑）。だいたい新婚旅行について来いなんていう人って、世の中にいないと思うんですわ。ついてゆく私もばかだけど（笑）。

――なにか健康法をやっておられますか。

土屋　特別にこれということはやっていません。私は煙草を一日百本吸うこともあります。うちの親父も、七歳のときから刻み煙草を懐に学校へ通った。私は小学五年生から吸い始めて、八十年近く吸い続けてきた。医者にもよくいうんです。酒がいけない、煙草がいけない、女がいけない、そんなばかなことをいうなと。自然にまかせておけばいいんです。

最近、老人ホームへ取材に行ったことがありますが、いまの老人ホームは部屋を男女別に分けているところがある。一方、男女が一緒の部屋で暮らす老人ホームもある。男、女、男、女と交互にベッドが置いてあってね。その中にかなりの高齢で、片方の腕が全然動かない男がいまして、その横にわりに若い、といっても七十代ぐらいの女の人が入ってきたんですね。すると数か月後に、その男の腕が動くようになった。傍らの女の人を何とか触ろうとして、必死に手を伸ばすうちに動くようになったらしい。どんなリハビリより効果があったわけですよ。

そこでふと、ひらめきました。これは推理小説のトリックに使えるのではないかと。動かない腕が動いたなんて意外な盲点だし、老人ホームという閉鎖社会も、知らない人には興味深い。回春本格推理小説なんて銘打ってね（笑）。でも娘や孫に読まれると思うと、ちょっと筆が曲がりますかね。

いや曲げちゃ面白くないですね、どんと書かなくっちゃ（笑）。

隅の老人の思い出

イギリスの女流作家オルツィは、歴史ロマンの作者として出発したそうだが、私などには「隅の老人」という安楽椅子探偵を生み出したミステリー作家という印象のほうが強い。私がこの文章のタイトルに「隅の老人」という言葉を借用したのは、それが今の私にピッタリの表現だからである。

小説を書き始めた当初から、私は常に文壇の片隅にひっそりと生きてきた。第一、生れたところが山国信州でも、特に僻地《へきち》といわれる蓼科《たてしな》山の裾野に位置する寒村で、サラリーマン時代に、わずかな期間を都会で過した経験はあるが、昭和二十年（一九四五）以降、私はこの地を一歩も離れたことはない。

四、五篇の小説を発表したところ、ある新聞が私を取り上げて「信州のチベットといわれる佐久高原に住むこの作者」と紹介したことがあった。このとき私は、チベットがどういう国か知らなかったので、地理の書物を開いて調べてみた。

するとチベットはインドの北、パミール高原の東方にある高原地帯で、住民は殆んど遊牧を業とするチベット族であると説明されていた。

なるほど、と私は思った。生れ育った場所自体が、信州のチベットであり、そこに細々と生きてきた私は、文壇の中ではチベット族なんだと納得したのである。華やかな文明や文化から隔絶した日本の片隅で、遊牧ならぬ物書き族として生きている私を、この新聞記事は正確に捉えていたのである。

だから、私より遥かに年少の作家が、刊行作品三百点突破の記念大パーティを開いたり、また、そういう作家の作品が「発売たちまち三十万部突破」などという新聞広告を見ると、とてもこの世のできごととは思えず、ただただ、目をみはるだけである。

二〇〇三年、私は満八十六歳となったが、知人の諸君に、まだ生きております、というご挨拶に代えて、七百六十枚の作品を脱稿し、二〇〇四年一月、満八十七歳の誕生月に、これを刊行してもらうことにした。書下ろし長篇『物狂い』（光文社）がそれである〔実際は二〇〇四年四月刊〕。

そのとき、来宅した編集者に、「こんな齢になっても、まだ推理小説から離れることができず、生き恥をさらしている作家がいますか」と訊ねたところ、「そんなひとはいませんよ」ということであった。

私はこの齢になるまで、推理小説の世界に身を置いてきたが、作家との個人的付き合いは殆んどなく、真に心をひらいて語り合ったのは鮎川哲也一人であった。その彼も、私より先に逝ってしまった。身辺寂寞の感に堪えない。

こういう私に、作家として出発した当時の思い出を書いてほしい、というのが本誌（『ミステリーズ！』）からの依頼であった。困ったことに、私は日記をつけたことがない。私の作品が初めて活字になったのはいつだろうか。その記憶さえ定かではない。

幸い、山前譲氏が、私の年譜を作成しているので（『土屋隆夫推理小説集成8』東京創元社）それを見ると、最初の作品『「罪ふかき死」の構図』が、雑誌『宝石』の別冊に掲載されたのが一九四九年であることが判った。なにしろ半世紀以上も昔のことである。しかし、この年譜によって、当時のことを、かなり思い出すことができた。しかも、この年譜には〝高額賞金にひかれ『宝石』の百万円懸賞コンクールC級に『「罪ふかき死」の構図』を投じ、一等入選する。賞金は五万円だった〟という、まことに親切な註まで付いている。私は苦笑しながら、そうだったよな、と当時をふり返ることができたのである。

そのころの私は、学制改革によって新しく作られた新制中学校の教師であった。私の自宅のすぐ近くにあって、私は毎日、歩いてこの学校へ通っていた。

いま、手もとにある人事院の資料によると一九四九年、即ち昭和二十四年の小、中学校教師の初任給は三千九百九十一円となっている。諸手当てをのぞいた本給である。私は、教師になって三年目であったが、月給は五千円にも満たなかったと思う。だから賞金の五万円は、給料の十倍以上で、大へん魅力的な金額であった。その高額な金に、心をひかれたのは当然である。私は三十二歳のときであった。

尤も私が、その種の賞金を手に入れたのは、それが初めてではない。私が、文章を書いて金を貰った最初の経験は、たしか十九歳のときであった。

すでに廃刊になったが、当時の『新青年』という雑誌が「有名人に宛てたラブレター」というタイトルで、読者からの投稿を募集したことがあった。私はそれに応募して入選したのである。このときの賞金が五円であったことを、いまもはっきり覚えている。

現代の若い人に、五円などという金の価値は判らないと思うが、街の食堂で、朝の定食が十銭、夜が十五銭であった。喫茶店のコーヒーが十銭、十本入りの煙草ゴールデンバットが十銭の時代である。

学生のアルバイトといっても、新聞配達か家庭教師ぐらいのものであったから、五円の収入は、かなり役立った筈である。

入選した「ラブレター」は同誌に掲載されたが、私はその雑誌を紛失してしまった。後に、そのことを中島河太郎氏にお話ししたところ、早速それをコピーして送って下さったので、いまもそれは手もとにある。しかし、残念なことに、何年の何月号かということが記されていなかった。なお、その文章の作者名は、土屋隆穂となっているが、それが私のペンネームであった〔昭和十二年二月号「恋文お取次ぎ」に掲載〕。

ラブレターの宛先は、当時松竹映画の名脇役として、その演技力を高く評価されていたオバサン女優の飯田蝶子様となっている。こういう女優に宛てて、ラブレターを書くひとはあるまいという、私の読みが当ったのかもしれない。

これに味をしめた私は、懸賞募集の広告を見れば（当時は『懸賞界』などという雑誌があった）どんなものにでも応募した。紙芝居の台本、ラジオドラマ、シナリオ、戯曲はもちろん、浪曲の台本まで、とにかく書きまくったものだ。ボツになるものも多かったが、それでも佳作ぐらいには入ったから、そこそこの金を手にすることができたのである。

特に、松竹本社が募集した新歌舞伎の戯曲に、私の『彩管武士道』という応募作品が第二席に入選し、選考委員の河竹繁俊氏から激賞されたことが励みとなって、以来、劇作家への道を歩もうと、真剣に勉強を始めたものだ。

そのときの賞金は一千円であったが、現在の金銭感覚でいえば、優に百万円以上に相当しよう。

この作品は、中村吉右衛門の主役で歌舞伎座公演が予定されていたが、戦争の激化によって、遂に陽の目を見ることもなく終ってしまった。この原稿だけは、その消失が悔まれてならない。

当時は、暗い戦雲が日本全土を覆っていた。一人前の男なら、いつ召集令状がくるか判らないときだった。赤紙といわれたその令状を受け取ることは、死刑を宣告されたようなものだ。現代の青年には判るまいが愛だの恋だのという言葉自体が禁句だった。死は、常に目前にあった。それだけに生きる日日が、どうしても刹那主義にならざるを得ない。私がその高額の賞金を、半年たらずで費消したのも、どうせ未来はないのだというステバチな心境からであった。

尤もそのおかげで、当時の花柳界、浜町や神楽坂の芸者はもちろん、金がとぼしくなってくると、浅草や深川、さては亀戸の天神芸者と呼ばれていた妓たちのもとへ足しげく通って、彼女たちの実体や生活にふれることができたわけだ。当時は、待合といわれる場所で遊んだが、一晩に二十円もあれば充分だったから、賞金はかなり使いでがあったような気がする。

さて、話を推理小説に戻して、私の処女作ともいえる『「罪ふかき死」の構図』について述べることにする。

この作品も、山前氏が記しているように、私は賞金ほしさに書いたもので、作家になろうなどとは全く考えていなかった。教師の給料の十倍以上の賞金に目がくらんだのである。

この作品は、学校の夏休み中に書いたような気がする。殆んど素っ裸で原稿用紙に向かっていたという記憶がある。推理小説というものを書いたのは、これが初めてで、かなり苦労して五十枚を書き上げた。

入選の通知は速達で届いたが、その中に、次作を書いてほしいという依頼があり、嬉しかったことを覚えている。しかし、そのときも、これで作家になれたなどとは夢にも思っていなかった。その後、何篇かの作品も書いたが、すべて、僅かな原稿料が入る楽しみだけで筆をとった。

そんな私が、終生推理作家として生きて行こうと決意した切っ掛けは、江戸川乱歩氏のエッセイを集めた『随筆探偵小説』の中の、「一人の芭蕉の問題」という一文に接したことによる。この一冊が、私の人生の方向を決定したといってもよい。

私が教師になったころは、県の教育委員会が主催する講習会のようなものがあり、教育学部を出ていない私のような新米教師は、そこに出席して受講することが義務づけられていた。場所は小諸市だった。

講師は、大抵どこかの大学の教授であったが、内容のとぼしい、下手くそな話にウンザリして、出席のハンコを押すと、その会場から姿を消す教師が多かった。私もその一人だった。

この『随筆探偵小説』を買い求めたのもそんなときで、会場を脱け出し、小諸市内をブラブラ歩きまわり、ふとついた書店に入ったのが、この書物との出会いであった。

私は、その本を手に、駅近くの懐古園に入り、持参した弁当を食べた後、草原に寝ころんで、漫然とページをめくってみた。たしか暖かい陽ざしが快よい、五月も末のよく晴れた日であった。

ひまつぶしに買った本だから、克明に読むつもりはなかった。いわば飛ばし読みである。

その中に「一人の芭蕉の問題」と題した文章があった。探偵小説の第一人者であり、大乱歩と呼ばれているようなひとが、俳諧の第一人者であり、俳聖といわれている芭蕉について、なにを語っているのだろうか。その程度の興味で、私はその文章に目をとめたのである。

しかし、読み終えたとき、寝ころんでいた私は、いつの間にか起き上がり、草の上に正座していたことを、いまでもはっきりと覚えている。

その一章は、探偵小説純文学論を唱える木々高太郎の説に対して、乱歩氏個人の見解を述べたものだが、その文章に汪溢《おういつ》する氏のすさまじい情熱に、私は圧倒されたのである。氏は、木々高太郎の「探偵小説こそ至高最上の文学である」という説に対して、それは実に至難なことだが、自分はその可能性を全く否定するものではないと述べ、かつては市井俗人の弄びに過ぎなかった俳諧を「悲壮なる気魄と全身全霊をかけての苦闘によって、遂に最高至上の芸術とし、哲学とした」芭蕉の業績に触れながら「探偵小説を至上の芸術たらしめる道は恰《あた》かもこの芭蕉の道のほかのものではない」と断じ、「常識の予想し得ざるもの。百年に一人の天才児が生涯の血と涙を以て切り開く人跡未踏の国。ああ探偵小説の芭蕉たるものは誰ぞ」と呼びかけている。

探偵小説の大家といわれた乱歩氏のこの言葉は、痛切に私の胸にひびいた。それは、怠惰な人生を過ごし、金ほしさに、いい加減なものを書きとばしてきた私を痛打する活字の鞭であった。同時に自分の余生を推理小説を書くことだけに捧げようと決意した瞬間でもあった。

あれから半世紀、隅の老人にとって「人跡未踏の国」はあまりに遠い。本当にあるんですか、そんな国が――。

解説

円居 挽

かつて、土屋作品の良さを説明するのは難しかった。

筆者は学生だった二〇〇〇年代半ば頃、京都大学推理小説研究会に在籍していたのだが、当時はちょうど創元推理文庫で『土屋隆夫推理小説集成』全八巻（二〇〇一～〇三）が完結し、書き下ろし長編『物狂い』（二〇〇四）が発表された頃だった。推理研での土屋作品の捉えられ方をふりかえってみると、会の中心メンバーがエラリー・クイーンファンかつ鮎川哲也ファンだったので、その流れで土屋隆夫も評価されていた。だから鮎川作品のようないわゆる本格ミステリを好む会員からの評価は高かったが、熱心な読者が生まれるほどではなかった、と思う。

実際、当時からミステリ作家志望だった筆者の体感としても、「面白いといえば面白いけれど、いくら読んだところでデビューが近くなる気がしない」「布教して新しい読者が生まれるタイプの作品群でもない」というのが、偽らざる気持ちだった。

ただ、本書の解説の依頼を受けて土屋作品を読み返してみると、面白い発見があった。

なので、この解説では本書と土屋作品を、ミステリ作家志望者向けのハウツー本という観点から、改めて評価してみたいと思う。

『推理小説作法』は土屋隆夫が自身の創作の過程や秘密を書き記した本だ。恥ずかしながら長らく未読だったのだが、土屋作品の解像度がかなり上がったし、自身の創作の参考にもなった。何より読み終わる頃には、自分にもそれなりの推理小説が書けるような気持ちになっていたのだから、良い本だと思う。これを読んでいるあなたがミステリ作家になりたいと思っているのなら、手に取るべきだろう。

その反面、一読で本質を摑むことのできる読者がどれだけいるのか、という疑問もある。特にまだ若いミステリ作家志望者が、書かれている内容をすぐに実践できるかどうかは怪しい。土屋隆夫の著作数は決して少ないわけではないが、数年がかりで一作の長編を仕上げていたことを忘れてはならない（六十年以上に及ぶ作家歴の中で長編は十四編しかない）。傑作を書きたい気持ちは本気でも、その発表ペースまで真似したいと思う者はあまりいないのではないだろうか。

さて、ここで本書の内容を完全に無視した乱暴な私見を投げつけるが、作家になる早道の一つはアレンジャーとしての才能を評価されることだと思う。例えば特定のジャンルで、その時人気のある形式を書くことに長じる……筆歴が浅くても書き手のセンスが良かったり、ジャンルへの理解が深かったりで適応しさえすればそれなりのものが生まれるだろう。そしてその作品が一定の水準を超えてさえいれば、世に問うべきだと考える編集者が現れるだろう。

……と、いかにも簡単そうに書いたが、当然ながら人気の形式ともなると競争率は高いし、後追いになるほど要求される水準もまた高くなっていくので、実際は自分にとって有利な形式を選ぶところから始まるわけだ。

そういう前提で土屋作品を眺めると、彼の小説によく見られる「刑事が事件を執拗に追うことで犯人らしい人間に辿り着き、ついには周到に用意された堅固なアリバイを崩す。そして犯人を駆り立てた理由にはある社会問題が……」という、いわゆる〝社会派〟の形式が、現代でミステリ作家を目指す上ではそもそも著しく不利だという問題がある。

歳若い読者のために一応断りを入れておくが、私がミステリ作家志望の学生だった頃ですらもう社会派の形式は古く、それなりのものを書いたところでデビューできるイメージを全く持てなかった。あまりにも手垢が付きすぎていて、アレンジする旨味のない形式だった、ということだ。

かつて一世を風靡《ふうび》した社会派の形式が古びてしまった背景には様々な理由があるが、長くなるのでここでは割愛する。ただ、本書に増補されたインタビューで「松本清張よりも先に社会派を書いた自負がある」と述懐しているように、土屋隆夫が社会派形式の先駆者であったのは事実だ。清張の大成功の後に発生した社会派ブームが、その形式を陳腐化させてしまっただけの話である。

とはいえ、粗製乱造された社会派形式の推理小説が消えていった中、土屋作品にはさすがに読み継がれてきただけの強度はある。特にトリック部分の創意と解決の過程はとても読み応えがあるし、ドラマ部分も決して取って付けた感がない。

ならば「古びた形式はともかく、トリック面では今でも、土屋作品に学べる点があるのでは？」と思われるかもしれないが、実はそのトリック面にも問題はある。例えば写真によるアリバイ工作。実際に読むと解るが周到に計算されており、作中の時代設定（主に昭和後期）なら成立するようになっている。だが現代の視点で読むと、特にミクロなトリックはチープなことが多く、「今これに類するトリックを書いても、評価されることはない」と感じることだろう（ただし、この手のトリックは後世に出た推理漫画や推理クイズなどに借用され、味がしなくなるほど使い回されてしまっているので、致し方ない面もある）。

形式としても模倣する旨味が薄く、トリック面も参考にもならない。おまけに愛読者もあまりいないので語り合える同好の士とも出会いづらい……それで土屋作品そのものの価値が減じるわけではないのだが、清張や鮎川に比べると、読まれなくなっていった理由も解る気がする。

では今、土屋隆夫作品を読む意味はないのか？　というと、それがそうでもないのだ。

私も少し前までは「アリバイ工作を写真でやるなんて、とうに時代遅れだな」と思っていた。それがいつの間にか、動画配信者が配信中にアリバイ工作を行う話や、コロナ禍中に一気に普及したオンライン通話を利用してアリバイ工作を行う話が、現代作品にも出てくるようになったのだ。面白いことに、根っこの発想はかつての写真でのアリバイ工作とほぼ変わらない……つまり、死んだ筈の写真工作トリックが、新たな映像トリックとして甦ってしまったわけだ。なのでトリックの表層はともかく、原理の部分は、参考にできる気がする（あくまで「そういう読み方をすれば」の話だが）。

そもそも推理小説の犯人にとってのトリックとは、つまるところ追及を阻《はば》むための詐術である。しかし技術の進歩によって、かつての優れた詐術が無意味になることがある。その一方で、技術の進歩がまた新しい詐術を生み出す……したがって、陳腐化さえ恐れなければ理論上、トリックはいくらでも生み出せる筈だ。そしてトリックを発想するヒントは、本書と土屋作品から学ぶことができると思う。

「いや、自作が陳腐化するなんて耐えられない。自分は不朽の名作を書きたい」というむきもあるだろうが、大ホームランを狙いすぎて肝心のトリックが思いつかず、何も書けないなんてことは本末転倒だ。まずは打席に立ち、塁に出ないと評価もされないのだから。

少し発想を変えてみるのはどうだろう。市井の人間が過去の罪を抹消しようとする時、どんなことをしてどうやって法の裁きを逃れようとするのか。あるいは復讐の話でも良い。同じく市井の人間であるあなたが犯人の立場だったらどうするのかを、真剣に悩んでみるのだ。

「こんな理由で犯罪に走るだろうか？」と悩むなら、犯人の背景を煮詰めてやればよい。「こんな計画で大丈夫だろうか？」と不安になるなら、成功率を〇・一％でも上げる方法を更に考える……そうして生まれたワンオフ（一度かぎり）の犯罪計画は、推理小説史に残らずとも、血の通ったものとなり、一人の人間が全存在をかけて挑むに相応しいものになるのではないだろうか。

そして、そんな普通の人間が引き起こした犯罪を、普通の人間が追う。犯人は乗りかかった舟からもう下りることはできないし、警察はほんの些細な手がかりをも見逃すまいと最善を尽くす。たとえ普通の人間でも、人生をかけて事に挑めば、それだけで面白くなる、というわけだ。

土屋作品の醍醐味は、まさにこうした点にあると思う。

土屋隆夫はこの世のどこにもまだ存在しない登場人物たちを想像し、現実的な肉付けを全力で重ねていくことで、彼らをプロットの構成要素としてのキャラクターではなく、どこにでもいる普通の人間として創造した。そうして生まれた彼らは、人間であるが故にどうしようもなく不完全で、だからこそ滑稽な悲劇を起こす……。

そんなふうに考えてくると、あなたにも書けそうな気がしてきはしないだろうか？

もしもこれを読んでいるあなたが、若い頃から何度も新人賞に挑んでは落選を繰り返しているというのなら、その形式の作品に要求される水準が物凄く高くなってしまっているか、そもそも、あなたにその形式が合っていない可能性がある。

それならば……あなたが新しい土屋隆夫になってみるのはどうだろうか？

現在、土屋作品を直接的に創作の参考にするのは難しいが、本書と併読することによって、ミステリ作家・土屋隆夫の執筆過程をラーニングすることは可能だ。加えて、土屋作品によく見られる社会派形式は、社会の矛盾に押しつぶされたり、強い欲望に負けたりする普通の人間を扱うのに、とても向いている。そして二〇二〇年代の現在……扱うべき題材は山ほどあり、トリックの種となる技術も日々進歩している。そのままの形で甦らせることは無理にしても、それゆえに、アレンジャーとして挑戦しがいのある題材だとは思わないだろうか？　今ならばまだ、競争相手も少ないはずだ……。

最後に一つだけ。本書の巻頭に引用された作家志望者たちによる世にも無礼な投書の数々は、とても半世紀以上前のものとは思えないほど、瑞々《みずみず》しい滑稽さと恐怖を我々に与えてくれる。勿論あれらは極端な傑作選にせよ、著者は自分と関わってきた人間をあのように冷徹に観察した上で、自作に活かしていた気がしてならない。

どんな斬新なトリックも経年で劣化していくかもしれないが、人間の面白さは案外古びない……人間本意で推理小説を書いた土屋隆夫の視座こそ、学ぶべきところかもしれない。

本書の復刊が土屋隆夫の後継者を生むきっかけになれば嬉しい。何より、私自身がそうして書かれた作品を楽しみにしている。

（まどい・ばん　ミステリ作家）

初出・底本

第一章〜終章　『ＥＱ』（光文社）一九九一・五〜一九九二・一

楽我鬼集　単行本時の書き下ろし

単行本　光文社、一九九二

文庫版　創元ライブラリ、一九九六

現役最高齢の推理小説作家　『サライ』（小学館）二〇〇四・四・一

隅の老人の思い出　『ミステリーズ！』（東京創元社）二〇〇三・冬／『私がデビューしたころ』東京創元社、二〇一四

付記

本書は、創元ライブラリ刊『推理小説作法』を底本とし、巻末にインタビュー／エッセイを増補した新版です。

本文中、明らかな誤りと考えられる箇所は訂正し、ルビは適宜整理しました。引用文中の旧かな遣いは、原則的に新かな遣いに改めました。

また、編集部による補足を注（＊）あるいは〔　〕内に記した箇所があります。

本文中、今日の人権意識に照らして、不適切な語句や表現が見受けられますが、著者が故人であること、発表当時の時代背景や作品の文化的価値に鑑みて、そのままとしました。

中公文庫

推《すい》理《り》小《しょう》説《せつ》作《さく》法《ほう》
——増《ぞう》補《ほ》新《しん》版《ぱん》

2024年1月25日　初版発行

著　者　土《つち》屋《や》隆《たか》夫《お》

発行者　安部順一

発行所　中央公論新社
〒100-8152　東京都千代田区大手町1-7-1
電話　販売 03-5299-1730　編集 03-5299-1890
URL https://www.chuko.co.jp/

ＤＴＰ　嵐下英治
印　刷　三晃印刷
製　本　小泉製本

Published by CHUOKORON-SHINSHA, INC.
Printed in Japan　ISBN978-4-12-207469-9 C1195